KB143101

융합력,
정보의
주인되기

융합력, 정보의 주인되기

발행 ｜ 2019 년 9월 1일

기획자 ｜ 최재목
펴낸이 ｜ 신중현
펴낸곳 ｜ 도서출판 학이사
　　　　출판등록 : 제25100-2005-28호
　　　　주소 : 대구광역시 달서구 문화회관11안길 22-1(장동)
　　　　전화 : (053) 554~3431, 3432
　　　　팩스 : (053) 554~3433
　　　　홈페이지 : http : // www. 학이사.kr
　　　　이메일 : hes3431@naver.com

ISBN _ 979-11-5854-193-4　03100

이 도서의 국립중앙도서관 출판예정도서목록(CIP)은 서지정보유통지원시스템
홈페이지와 국가자료공동목록시스템(http://www.nl.go.kr/kolisnet)에서 이용하
실 수 있습니다.(CIP제어번호: CIP2019033025)

융합력, 정보의 주인되기

최재목 엮음

學而思 학이사

융합력, 정보의 주인되기

최재목

(영남대 철학과 교수, '스무 살의 인문학' 기획·편집인)

융합력, '정보의 주인되기'

이 책은 스무 살 청춘들에게, 융합력融合力을 기르고자 기획된 것이다.

스무 살 시절, 흘러넘치는 정보의 바다에서 '주인' 되는 일을 제기하는 것은 '내가 왜, 어떻게 살아가야 하는가?'를 스스로 해명해보라는 권유를 담고 있다. 수많은 정보 속에서 주인이 된다는 것은 결국 '자기 인생의 주인 되기'를 말한다. 그러려면 생각의 융통성과 규모를 키우는 일에서 부터 출발해야 한다.

내 몸의 은유로서 '생각'

사는 것은 생각하는 일이다. 생각한다는 것은 '나의 몸'으로 생각한다는 말이다. 그러므로 나의 모든 생각은 '나의 몸'을 바탕으로 하고 있다. 그러므로 적어도 나의 생각은 내 몸의 형태를 닮아 있다. 생각은 몸에서 나온 '몸을 드러낸 은유'라고 해도 좋겠다. 마치 도시의 모든 건물과 문화가 그 지역의 땅을 딛고, 그 위에서 이루어지며, 그곳을 잘 드러내는 은유적인 것이라는 점과 같다.

몸에서 나온 것들[= 물건, 문화/ 문명의 체계]은 그 몸을, 그 인간의 모양새를 쏙 빼닮아있다. 인간의 '꼴'을 하고 있는 것이다. 결국은 나[= 인간]를 잘 아는 것이 중요하다. 모든 것은 여기서 출발한다. 융합의 힘, '융합+력'도 그렇다.

'생각 = 융합' - 잠시도 가만있지 않는 눈꺼풀 같은

생각은 균형을 잡기 위해 그 자체로 복잡하게 '떨리며', '변화, 지속하며', '변형, 변모하며' 몸의 생로병사처럼 '생로병사'를 거듭한다. 몸이 복잡한 생체의 정보 - 회로 융합으로 이루어지듯, 생각은 그 자체로 융합적이다.

눈꺼풀이 잠시도 가만히 있지 않고 깜빡이듯이, 몸은 복잡하지만 단순한 듯 부단히 변화하고 있다. 생각이 그렇다. 생각은 늘 어디론가 달아난다[攸]. 닭들이 먹이를 찾아 집을 나가듯이. 생각은 늘 콩밭에 가 있다. 그 콩밭도 밭 나름인데, 어떤 밭인가가 중요하다. 콩밭에 가 있는 내 생각의 '시간관리' 말이다. 이왕이면 사유의 초점을 분명히 하고, 무엇을 사유할지 고민하는 것이 중요하리라.

사실 우리는 늘 무언가를 생각한다. '무언가'란 '보이는 것+보이

지 않는 것' 둘 다를 가리킨다. 모양과 소리를 가진 것은 가시적인 것이며, 그렇지 않은 것은 비가시적인 것이다. 그런데 창조라는 것은 '보이는 것'에서 찾을 수도 있다. '보이지 않는 것'에서 찾을 수도 있다. 아니 '보이는 것의 보이지 않는 것'에서 찾을 수도 있다.

그 어딘가에 묻혀있을 새로운 것, 남다른 것, 특별한 것, 신선한 것. 우리는 그런 것들을 만나고 싶어 한다. 이런 관심, 호기심, 흥미를 갖는다는 것 자체가 삶이다. 잠들면 그냥 그렇게 잊혀져 간다. 스스로로부터, 남들로부터, 세상으로부터. 그래서 말하고 싶다. "잠들지 마라 잊혀져 간다!"

깨어있으면, 생명은 고난이나 희망의 발양發揚이고, 모험이나 삶의 환희이다.

생명·사유를 '소프트웨어'로 삼는 융합력

창조하는 자는 늘 무언가를 뒤져서 찾고, 헤매며 얻고, 의심하며 반역한다. 그런 가운데 무언가를 늘 '편집'하는 스킬 - 테크닉을 발동한다. 그렇게 '깨어있다'.

사람과 사물과 문명의 변화에 안테나처럼 예민하게 늘 교감한다. 이런 사람들을 가만히 들여다보면, 잠자는 시간 외에는 '스스로 던진 물음을 풀고, 시험해보고, 실현'하고자 한다. 그런 '꿈'을 잃지 않는다. 꿈은 의미이자, 희망의 증거이다.

사실 융합하는 힘은 자신과 세상의 생명·사유에 주목하고 그것을 '소프트웨어'로 삼아, 무언가를 실현해가는 능력에 달려있다. 추상적인 것을 구상화시키는 힘이다. 앎[지]은 수많은 것들과 네트워크를 이루고 있다. 불교에서는 먼지 속에도 우주가 들어있다고 말한다. 마치 작은 칩 속에 엄청난 양의 정보를 집어넣듯 말이다. 문제는 '왜?', '무엇을?' 이다.

그렇다. 물음이 모여 '실천+력'을 동반하고, 그것은 '융합+력'을 가속시키며, 끝내 답을 찾아 주게 된다. 물음이 모이면 힘이 되고, 그 힘은 창조라는 꽃을 선사한다. 비록 실패한다 하더라도 그 힘은 새로운 일을 하기 위한 자료, 경험으로서 남아있다.

도전하는 자에게는 실패조차 아름다운 꽃이지만 무기력한 자에게는 실패가 슬프고 처참한, 고통의 혹이 된다. 그러니, 도전하는 자 쪽에 서라고 권한다.

책의 구성 내용
이 책은 열한 분의 강의로 이루어졌다.

청년과 사회적 기업 / 김병석
삶은 편집이다 / 김정미
생각의 탄생 / 박문호
보이는 것과 보이지 않는 것 / 박정학
배움이란 무엇인가 / 박철홍

시민 정치의 오래된 미래, 마키아벨리 / 박홍규

한국의 미의식 / 오구라 기조

고난이 나를 키운다 / 이동건

문자도文字圖 / 정병규

도굴의 문화사 / 정인성

쇠와 문명 / 조계현

이 책은 여러 분야 전문가들의 조언을 담고 있다. 각 분야에서 갈고닦은 '숨은, 귀한' 목소리를 다채롭게 따스하게 들려준다. 스무 살 청춘들에게, 융합력으로 '정보의 주인 되기'에 노력하라는 권유에 초점이 맞춰져 있다.

다시 말하면, 주인은 '깨어있는 생각'에 들어있다고 말한다. 그런 생각은 특별한 '눈'과 '귀'를 계발해주며, 남들이 보고 듣지 못하는 것을 '보고, 듣게 만들어준다'고 격려한다.

***

우선 강연을 해주시고 이 책이 결실되도록 흔쾌히 원고를 제공해주신 모든 선생님들께 깊이 감사를 드린다. 또한 이러한 강의 결과물이 나오기까지 이 강좌진행을 도와준 영남대 철학과 대학원생 장귀용 군, 장성원 군, 그리고 학부생 서승완 군에게 감사를 드린다.

아울러 어려운 경제적 여건 속에서도 기꺼이 원고를 받아 《융합력, 정보의 주인 되기》라는 좋은 책으로 다듬어주신 학이사 신중현 사장님과 편집자 여러분께 감사를 드린다.

2019년 9월 1일
최재목 적다

차례

청년과
사회적 기업

김 병 석

(주)KooB 대표 이사

사회적 기업 (주)KooB의 대표
이사. 페이스북 인기 페이지 '자
취생으로 살아남기'의 운영 멤버
이기도 하다. 각종 사회적 기업
과 청년 창업에 관한 활동을 이
어가고 있다.

먼저 반갑습니다. 청년들에게 독서문화를 만들어 주는 기업, '쿱(koob)'의 대표 김병석이라고 합니다. 제가 청년 독서문화를 만들어 드린다고 했는데, 정확히 어떤 것을 하는지 잘 모르실 거예요. 그래서 간단하게 말씀을 드리자면, 저는 독서모임 '북클럽'을 서울에서 많이 만들고 있는 사람이고요. 최재목 선생님께서 말씀해 주셨다시피, 융합인문학을 하신다는 분들 중에 가장 어리다는 걸로 알고 있어요. 그래서 지금까지 하셨던 분들과는 다른 메시지를 전달해야 한다고 생각을 합니다.

제가 드릴 수 있는 메시지는, 저는 여러분과 같은 20대이거든요. 조금 더 있으면 20대 후반이 되는 나이인데 그래서 여러분보다 조금 앞서서 여러 가지 체험이나 활동을 해보았는데, 그것들에 대한 이야기와 청년 창업이 어떤 것인가에 대한 이야기를 하려고 합니다. 그리고 제가 청년 창업 분야에서도 사회적 기업 분야를 지원하고 실시하고 있기 때문에 혹시 창업에 관심이 있으신 분은 주의 깊게 들어주시면 감사하겠습니다.

저는 쿱이라는 회사의 대표인데요. 쿱이라는 이미지 자체가 book을 뒤집은 거예요. 그래서 우리가 어떤 책이라는 활동을 바라보았을 때, 새롭게 바라보자는 생각이었어요. 흔히 독서모임이나 북클럽이라고 하면 굉장히 지루해 보이거나, 공부를 하거나 진지한 사람들만 있을 것 같다는 생각이 있더라고요. 그런데 저는 그런 것이 아니라, 독서모임도 재미있을 수 있고 항상 활기찰 수 있다는 것을 알려주고 싶었어요. 그렇기 때문에, 쿱이라는 회사 이름을 짓게 되었습니다.

저희 쿱이라는 회사에서는 총 세 가지의 작업을 하는데요. 첫 번째는 북클럽을 합니다. 그래서 매일매일 세 팀씩 독서모임이 열리고요. 북클럽에 참여하고 계신 분들은 매월 600명 정도 되고 있습니다. 그리고 매주 독서 봉사를 하고 있어요. 저희가 책이라는 가치를 널리 알리기 위해서 청소년들이나 어린이들, 보육원 같은 곳에 가서 책의 가치를 알리는 일을 하고 있습니다. 그래서 책으로 할 수 있는 다양한 활동이라든가, 독서 토론을 통해서 청년들의 독서문화를 만들어 주는 일을 하고 있다는 것을 알 수 있습니다. 또 다른 거로는 제가 말씀드렸다시피, 독서문화라는 것을 이십 대 청년들은 못 들어 보셨을 거예요.

우리가 즐길 수 있는 독서문화에는 무엇이 있을까요? 거의 없는 것 같아요. 저도 독서문화나 페스티벌에 참여를 굉장히 많이 해봤는데, 거기는 가장 많은 분들이 어르신이에요. 사십 대에서 오십 대 혹은 영유아, 십 대도 많아서 거기서 동화책을 읽거나 그런 것들이 많더라고요. 근데 왜 그럴까. 이십 대 친구들도 충분히 재미있게 놀 수도 있고 책을 좋아하는 사람도 많은데. 이런 것을 어떻게 한번 바꿔볼 수 있을까 하는 생각이 들어서 매월 책과 함께하는 파티를 엽니다. 술을 같이 마시기도 하고요, 다양한 이벤트를 하기도 하고요. 책과 함께 할 수 있는 스피드 퀴즈를 통해서 우리 청년들이 조금 더 즐길 수 있고, 활동적인 독서문화를 만드는 일을 하고 있습니다.

저에 대한 간단한 소개는 끝났는데요. 제가 창업을 하는 사람이고 그러다 보니까 제가 어떻게 창업을 할 수 있었는지에 대해서 말씀을 드리는 것이 조금 더 좋을 것 같아요. 그리고 오늘 강의의 제목이 융합인문학이잖아요. 저는 창업이라는 것 자체가 기존에 있는 것들을 그대로 따라한다면 창업이 될 수가 없다고 생각을 하거든요. 기존에 있던 것이 아닌 어떤 새로운 두 가지의 이상적인 것들이 만나게 되었을 때 창업이 되고 그 창업이 성공한다고 생각합니다.

저는 그런 이야기들을 한번 해드릴까 합니다. 먼저 저의 이야기입니다. 저는 사실 꿈이 있었어요. 중·고등학교학교 때쯤 한 반에 한 명은 자기 꿈이 대통령이라고 생각하는 사람이 있잖아요. '나는 정치해야지.', '세상이 왜 이렇게 이상하지?', '왜 이런 것들이 일어나는 것일까?', '왜 상식 밖의 일들이 계속 일어나는 거지?' 라는 생각을 하게 되었어요. 그렇다면 문제가 무엇일까? 어떻게 하면 이런 것들의 고민을 해결할 수 있을지에 대한 고민들이 엄청 많았었거든요.

그러면서 했었던 것이 어떠한 정책이나 경제 또는 정치의 시스템을 바꾸어 가면 이런 것들이 변화할 수 있지 않을까. 그리고 어떤 대단한 정치인이 나타나서 이 모든 것을 해결한다면 우리 사회가 조금 더 밝고 아름다운 사회가 되지 않을까. 합리적이고 상식이 통하는 세상이 되지 않을까 하는 생각을 해봤습니다. 그래서 정치에 대해서 굉장히 관심이 많았고, 전역을 하고 난 뒤에 청년 정책을 만드는 대외활동을 하게 되었습니다. 그 대외활동을 하던 중에 간부님의 눈에 띄어서 실제로 연구원을 해보지 않겠냐는 제안을 받아서 여의도 연구원에서 청년정책연구원을 맡게 되었습니다. 그러면서 했었던 일이 다양했습니다.

기본적으로 우리가 혜택을 받고 있는 수많은 정책들이 있잖아요. 등록금 정책이 있을 수도 있고요. 아니면 청년 주거 정책이 있을 수도 있고요. 그것 외에 받을 수 있는 청년 수당이라던가, 이런 수많은 정책들이 있을 수 있잖아요. 그런 정책들에 대해서 수요를 조사해 보고, 만족도를 조사해 보고, 실제로 청년들을 만나서 이 정책이 중요하냐, 중요하지 않느냐, 또는 어떤 정책들이 새롭게 발의되면 좋겠느냐에 대한 이야기를 계속해나갔습니다.

그리고 그런 자료들을 모아서 편집하고 정부나 지자체, 아니면 국회 같은 곳에 뿌렸습니다. 그래서 우리의 청년 문제나 실질적으로 필요한 정책을 만들어나가는 일을 해왔습니다.

그거 말고도 정당으로서 할 수 있는 정치적인 활동도 굉장히 많이 했습니다. 미국 대통령 선거가 있은 때에는, 대통령 선거에 대한 분석을 한다거나, 그런 자료들을 만들었습니다. 그래서 국회나 연구원 같은 곳에서 청년들과 국회의원, 아니면 정치인들, 시의원들하고 토론해보는 자리를 지속적으로 만들어 보았습니다. 그래서 서로 간의 소통이나 더 많은 상식이 통하는 것이 어떤 것인지, 직접적으로 활동을 해나갔습니다. 그리고 정치라는 것이 제가 생각했을 때는 세상을 가장 빠르고 합리적으로 바꾸는 수단이라고 생각을 했어요. 정치를 위해서 어떤 정책들이 만들어지고, 정책들이 아래로 쭉 나오고, 그것이 빠르고 합리적으로 세상을 바꾸는 수단이라고 생각을 했어요.

그러면서 '시민들이 평가하는 것이 가장 빠른 방법이 아닐까'라는 생각을 하게 되었는데, 하다 보니까 한계를 맞이합니다. 한계가 무엇이었냐 하면, 첫 번째로 정치에서 바라보는 청년들이 우리가 바라보아야 하는 한 명의 유권자가 아니라 소비하는 소비체라고 생각을 하는 겁니다. 어떠한 행사가 있어서 사진을 찍을 때 청년이 몇 명이라도 있으면 더 좋아 보이잖아요? 누구를 마케팅해볼까 했을 때, 항상 청년들은 빠지게 되는 것입니다. 그래서 청년들은 말은 하고 있는데 실질적으로 소비하게 되는, 휴지처럼 버리는, 그런 것들을 경험하고 나서 과연 이런 곳에서 내가 꿈꾸는 바가 이루어질 수 있을까? 그런 생각을 하게 됩니다.

또 다른 것으로는 제가 정치를 하면서 만나봤던 여야의 수많은 사람들을 보면서 제대로 된 정책과 시스템이 있다고 하여도 이 사람들이 과연 그것들을 시행할 수 있는 사람들인가 하는 의구심이 들었어요. 왜 이런 것들을 하게 되는 것인가. 그리고 정책이나 시스템이 잘 만들어졌다고 하더라도 결국 이것을 수행하는 사람들이 문제라고 한다면 세상은 변할 수 없다, 라는 사실을 깨닫게 됩니다. 그래서 세상을 가장 빠르고 가장 합리적으로 바꿀 수 있다고 생각했었던 정치에 대한 꿈을 버리게 되었습니다.

고등학교 친구 두 명이 있었는데, 그 친구가 창업을 하고 있었어요. 제가 연구원에서 퇴사를 하고 나서 할 게 없는 거예요. 그런데 '자취생으로 살아남기' 라는 페이지를 운영하고 있었어요. 같이 해보자는 거예요. 그래서 그 당시에 '자취생으로 살아남기' 라는 페이지가 1만 명 정도의 페이스북 팔로우가 있었거든요. 그래서 나는 창업에 대해서 관심도 있고 한번 해보자는 생각이 들었어요. 그래서 이 창업 팀에 합류하게 되고 2개월에서 3개월 정도 하게 되었습니다.

이것을 콘텐츠로 만든다든가 1인 가구를 위한 꿀팁 같은 것을 만들었을 때 그것을 페이스북에 올리면 만 명, 많으면 10만 명 정도 모이는 거예요. 그리고 그것에 대해서 다 좋다고 이야기할 때, 나의 조그마한 노력들이 사람들에게 많은 영향을 끼칠 수 있다는 생각이 들었습니다. 그리고 1인 가구들에게 조금 더 양질의 사회를 제공하기 위한 노력을 하고 있다는 가치가 구독자들에게 굉장히 잘 퍼지더라고요. 그래서 이 창업이라는 것이 세상을 바꾸는데 굉장히 좋아 보인다, 좋은 수단으로 보인다는 생각을 하게 돼요. 어떤 가치들을 양산해 내고 특히 자본주의 사회에서 빠르게 확산시킬 수 있는 방법이 창업이고 사업이라는 생각이 듭니다.

이런 '자취생으로 살아남기'라는 페이지에서 같이 작업을 하다가 드는 생각이 하나 있었어요. 결국 사업이라는 것은 창업가들에게 자신의 가치를 알리는 것입니다. 그리고 자신이 가지고 있는 가치를, 상품을 세상에 내놓는 일을 창업이라고 합니다. 이 친구들은 굉장히 좋은 가치를 가지고 있었어요.

1인 가구를 위해서, 혼자 사는 사람들을 위해서 다양한 생활 습관들을 알려주는 것이었는데, 근데 제가 하고 싶었던 것은 옛날 정치할 때부터 생각하던 것을 조금 더 하고 싶더라고요. 조금 더 상식이 통하고 합리적이고 올바른 세상을 만들고 싶다는 생각이 강했습니다. 그래서 이 친구들과는 3개월 만에 결별을 하게 됩니다. 그 후로 이 친구들은 굉장히 잘 나가서 페이스북 60만 명의 팔로우를 갖고 있고 한 달에 몇 천만 원씩 벌고 있어서 항상 배가 아픈데, 그럼에도 불구하고 나의 선택이 맞았거니 하고 열심히 살아가고 있습니다.

그다음에 생각했던 것은 창업이라는 것에 발을 들여놨기 때문에 새로운 것들을 조금씩 한번 해보자는 생각이 들었어요. 그래서 서울 신촌에 있는 '꿈꾸는 옥탑'이라는 곳에 경영자로 들어가게 됩니다. 아마 낯설 수 있을 텐데요. 꿈꾸는 옥탑은 술 마시는 책방입니다. 그래서 술집에서 책을 읽고 가끔 책을 파는 공간이거든요. 일본에서 많이 접하는 문화입니다. 근데 어느 날 사장님이 오서가지고 "네가 창업에도 관심이 있고 책도 좋아하는 것 같으니까 이거 한번 운영해보지 않을래?"라는 말씀을 하시는 거예요.

저는 기본적으로 하고 싶은 것은 해야 하는 성격이거든요. 그리고 궁금한 거예요. '과연 이거 했을 때 잘할 수 있을까?' 망할 수 있는 가능성이 굉장히 많았죠. 그럼에도 불구하고 잘할 수 있을까 하는 생각이 드는 거예요. '한번 해보겠습니다.' 그래서 꿈꾸는 옥탑의 경영자로 들어가게 됩니다. 막상 들어오고 나니까 너무 신나는 거예요. 오직 나만의 공간이 생기고, 이 공간을 통해서 사람들이 맛있는 음식을 먹거나 좋은 책을 발견하거나 아니면 엄청 맛있게 칵테일을 먹는다거나, 이런 걸 하다 보면 제가 너무 즐거워지는 것을 깨달았습니다. 그러다 보니 일 자체가 너무 즐거워서 커피도 배워보고 칵테일도 배워보고, 안주도 이것저것 찾아보고 코스트코의 물품들을 다 하나씩 먹어보고, 그렇게 외식경영을 해보았습니다.

그랬는데 문제가 하나 있었어요. 처음에는 너무 즐거워서 청소도 열심히 하고 인사도 환하게 하고 그랬는데 하다 보니까 사람이 없는 겁니다. 옛날에는 분명히 사람이 많았었거든요. 알고 보니 제가 인수했던 시기가 여름방학이고 지역이 신촌이었기 때문에 연세대학교 학생이 한 명도 없는 거예요. 그래서 사업이 안 되고, 마이너스가 항상 나고, 그러다 보니까 다급해지는 것입니다. 그래서 원인을 찾아봤어요.

되는 데는 100가지 이유가 있고, 안 되는 데도 100가지 이유가 있습니다. 찾아보니까 첫 번째로 술과 책이 어울리지 않는다, 라는 거예요. 한 분이 책을 보러 오셨는데 맥주를 한 병 시켜요. 구석에 가서 맥주를 홀짝홀짝 드시며 책을 보는데 10분 만에 잠드십니다. 2시간 정도 주무시다가 나가는 겁니다. 이상하다는 생각을 하게 되고, 또다시 이번에는 여러 명이 책을 같이 읽고 토론을 하러 왔다고 해요. 그러면서 맥주도 마시고. 그런데 사람이 술을 먹다 보면 굉장히 기분이 업이 되잖아요. 그러니까 엄청나게 시끄럽게 떠드는 거예요. 근데 옆에 사람은 책을 읽고 있으니까 집중이 안 되는 거예요. 이런 수많은 문제들로 인해서 그 사업이 실패했습니다. 마이너스가 굉장히 많이 나고 창업을 괜히 했다는 생각이 들었어요. 그리고 제가 연구원에서 모아놨던 돈을 다 탕진하게 되고, '아 사업 괜히 했다, 그냥 일반 친구들 따라서 취직이나 할 걸. 아니면 공무원 준비나 할 걸.' 하고 생각을 하다가 또다시 새로운 사실을 깨닫습니다.

제가 그 당시에 취미 생활이 있었어요. 북클럽을 운영하는 것이었거든요. 저희 공간에서 독서모임을 했었어요. 근데 이 독서모임은 노력을 하나도 안 했는데 너무나 잘 되는 거예요. 왜 그런지 모르겠어요. 그냥 대충 어디 올려서 "북클럽 할 사람 오세요." 했는데 맨 처음에는 10명이 모이다가, 그다음 20명, 일주일도 안 돼서 100명 정도 사람들이 계속적으로 들어오는 거예요. '어 이건 뭐지?'라는 생각이 들었어요. 그냥 취미 활동을 하다 보니까 이 취미가 재미있어 보이고 그냥 한번 해봐야겠다는 생각이 들어서 고민해보았고, 이 취미와 관련하여 창업을 해볼까 고민을 해보았고, 그리고 저의 가치와 맞지 않는 일은 오래 할 수 없더라고요. 그럼 이것은 '나와 가치가 맞나?'라는 생각을 해보게 되었어요. 그래서 들었던 생각이, 저에 대한 가치를 내려보게 되었어요. 어떤 가치를 가지고 있나, 그리고 내가 어떤 가치를 실현시키고 싶나. 결국 상품이 가져야 하는 가치는 무엇인가에 대해서 생각을 해보니까 이런 생각이 있더라고요.

독서모임이라는 것이 자신의 생각을 갖게 해요. 책을 읽기 때문에 생각을 안 할 수가 없어요. 한번 나오면 신나게 말하기 때문에 자신의 생각을 말해야 해요. 근데 우리가 중학교, 고등학교, 대학교에 와서 발표를 잘 안 하잖아요. 질문도 잘 안 하고요. 자기의 생각을 말하는 기회가 너무나도 없어요. 그리고 우리가 취업을 하고 회사에 들어간다고 해도, '의견이 있나요?' 하면 아무도 대답을 안 해요. 없으면 팀장이 하고 싶은 대로 넘어갑니다. 근데 독서모임을 하게 되니까 사람들이 말을 하기 시작하는 거예요. 그리고 자기가 생각을 하기 시작하는 거예요. 말이라는 것은 생각이 바탕이 되어야 하기 때문입니다.

진보는 보수를 이해 못 하고, 청년층은 노년층을 이해 못 하고, 항상 남자는 여자를 이해 못 한다거나 수많은 대립적인 문제들이 있었는데, 독서모임을 통해서 이런 것들이 해결이 된다는 것이에요. 실질적으로 만나서 얘기를 해보고, 어떠한 생각을 갖고 있는지 이야기를 해보면 사람들이 허용할 수 있는 범위에 한계가 있다는 거예요. 그래서 이런 걸로 타인의 공감을 이행시킬 수 있다, 라는 사실을 깨닫게 됩니다. 또 다른 걸로는 이렇게 이야기하다 보면 결론은 어떻게 해결할 건데, 어떻게 우리가 활동할 건데, 라면서 건전한 사회 담론을 만들게 됩니다.

독서모임이 이러한 특징을 갖고 있고, 이러한 특징들이 저의 가치와 맞아 보이기 때문에 이것을 가지고 사업을 하면 좋겠다는 생각이 듭니다. 그리고 북클럽이 갖고 있는 특징이 정치처럼 하향식 변화는 불가능하다는 것을 깨달았기 때문에 상향식 모델에 초점을 두게 되었습니다. 단순히 어떠한 제도나 시스템이 바뀌는 것이 아니라 사람이 바뀐다고 한다면 특히 수많은 대중, 시민, 국민 전체가 의식이 상향된다면 자연스럽게 문화가 향상되고 그러면 정치가 따라온다는 생각을 하게 되었고, 이런 것들이 세상을 바꿀 수 있다는 생각이 드는 거예요. 어떻게 보면 우스울 수 있지만 이 과정을 통해서 제 생각을 바꾸고 싶다는 생각이 들었어요. 제가 항상 하는 말이 있죠. 일단 해봐야 돼요. 어떻게든 해봅니다.

제가 그 당시에 꿈꾸던 옥탑이 망하고 나서 열심히 대출을 받아서 홍대에 있는 사무실을 구하게 되었는데, 사무실 구하는 것도 엄청 힘들었어요. 돈이 없다 보니까 어떻게든 싼 보증금과 월세를 찾으려고 돌아다니는 거예요. 그래서 홍대 주변에 있는 모든 부동산을 돌아다니고, 또 돈이 없다 보니까 모든 것을 셀프로 해요. 가구 포장도 혼자서 하고 그래서 저희만의 공간을 만들었습니다. 그렇게 하다 보니까 사업을 하는 기분이 들더라고요. 그리고 책과 관련한 다양한 활동들을 만들어 보기도 했고, 제가 하고 싶었던 일들이 굉장히 많았거든요. 제가 하고 싶은 일들이 실질적으로 될 수 있는지 궁금했어요. 그래서 이런 것들을 다 실현해보고 싶었거든요. 일단은 봉사를 해보고 싶었어요. 근데 책으로 봉사가 될까 생각했는데 그 봉사는 굉장히 잘 되어 계속적으로 확장하게 되었습니다.

책을 가지고 파티도 해보고 싶었습니다. 그래서 여러 가지 파티도 하게 되고, 책을 가지고 하는 콘서트라든가, 책을 가지고 하는 강연이라든가 이런 것들을 한 번씩 다 계획해보고 진행을 해보게 됩니다. 그러면서 내 머릿속에 가지고 있었던 가정이라든가 사회에서 그리고 있는 가치에 대해서 깨닫게 됩니다. 그래서 현재는 약 3000명 정도 이용자 수가 있는 북클럽을 운영하게 되었고요. 그리고 다음 달에는 새로운 공간으로 이전하게 되어서 한 달에 약 1200명 정도 수용할 수 있는 공간으로 이전하게 될 것 같습니다.

제가 이렇게 창업을 하면서 느낀 점이 있었어요. 우리가 사실 이십 대 전까지는 여러 질문들을 하잖아요? 특히 고등학생 때나 중학생 때는 수많은 질문이 있잖아요. '나는 무엇일까?', '내가 좋아하는 것은 뭐지?', '내가 무엇을 해야 하지?' 등등. 근데 그때마다 우리는 어떤 대답들을 들어요? 대학 가서 고민해라. 좋은 대학 가서 원하는 학과 가서 골라서 해보라고 하기 때문에 우리는 스무 살까지 굉장히 많은 질문들을 유보하고 살아요. 막상 스무 살이 되면 허겁지겁 진로를 포함한 여러 가지를 해결하게 돼요. 그런 것들이 너무 안타까웠고, 우리가 저성장시대이고 어떠한 불안에 시달리고 있고, 작은 리스크라도 큰 리스크처럼 느끼고 큰 도전을 안 하고 있다는 사실을 발견하게 됩니다. 근데 정말 과연 그럴까 하는 생각이 듭니다. 리스크가 있는데, 제 친구들이 다 그렇거든요. 대기업을 준비한다거나 공무원 시험을 준비한다거나 아니면 CPA준비를 한다거나, 그렇거든요. 근데 그런 것들이 나쁘지 않아요. 하지만 그렇게 되는 원인은 불안이라고 생각을 했거든요.

내가 무엇을 해서 잘 될지 안 될지 모르기 때문에, 이런 일들을 하고 있다고 생각을 해요. 안정적인 직업, 일로 나아가고 그런 방법을 찾기 위해 노력을 하고 있다는 생각이 들더라고요. 근데 창업의 특징을 생각해본다면, 우리가 그러한 리스크를 줄일 수 있다는 생각이 들었습니다. 내가 정말 잘 할 수 있는 것, 정말 해보고 싶은 것, 한 번씩 다 해보는 거예요. 그러다 보면 그게 정말 나랑 맞거나, 아님 잘 할 수 있지만 그것을 사회에서 원하지 않는다는 사실을 깨닫게 되거든요. 그렇기 때문에 여러분이 창업을 한 번쯤 해보면 좋지 않을까 하는 생각이 들었습니다.

제가 청년 창업가이기 때문에 청년 창업에 대해서 이야기를 드릴게요. 많은 분들과 창업에 대해서 이야기를 해보고 있는데, 자신이 창업과 관련이 없다고 생각하시는 분들이 많았어요. 나는 창업을 안 할 거니까 별로 필요 없겠지 하시는 분들이 많으실 텐데, 혹시 창업을 해보고 싶은 분들이 계시나요? 제가 그럼 질문을 던져볼게요.

대기업에 들어가기를 바라죠? 25세에 들어가면 언제 나오게 될까요? 대기업의 평균 근무 연수는 11.2년입니다. 그렇기 때문에 36세에 나와야 하는 것입니다. 빠르면 30세, 늦으면 40대에 새로운 직장을 찾아야 하는 게 저희의 세대입니다. 그럼 우리는 어떻게 해야 할까. 많이 아실 것 같아요. 기승전결 치킨집이라는 건데, 우리가 문과든 이과든 공학계열이든 인문계열이든 치킨집을 차려야 해요. 그렇다면 치킨집을 그냥 차리면 될까요? 아닙니다. 다른 치킨집과 달라야 하잖아요. 그러면 우리는 우리만의 창업적인 생각을 가지고 있어야 해요. 옆 치킨집과 다른 소스를 쓴다거나, 아니면 옆 치킨집과 다른 배달을 한다거나, 그런 방식으로 되어야 하거든요.

우리가 100세 세대입니다. 30세, 혹은 40세 때 새로운 직장을 갖게 되었을 때, 새로운 직장을 갖게 될 수도 있고 아니면 창업을 할 수도 있는 가능성이 굉장히 높기 때문에, 여러분들은 살면서 한 번쯤은 창업을 경험하게 될 가능성이 높아요. 그래서 창업에 대해서 한 번쯤은 깊게 생각해볼 필요가 있고 내가 당장 창업을 하지 않는다 하더라도, 혹은 앞으로도 창업을 하지 않더라도, 이 생각을 갖고 있는 것과 갖고 있지 않는 것은 굉장히 큰 차이가 있다는 생각이 듭니다.

이 글은 우리나라에서 유명한 글인데요. "모든 사람들이 다 사업가가 될 필요는 없지만, 모든 사람들이 기업의 세계를 기억할 필요가 있다. 이제는 불확실한 길을 피해 숨을 수 있는 확실한 곳은 없다. 불확실한 미래를 준비하는 가장 좋은 방법은 안전한 곳으로 피신하는 것이 아니라, 불확실한 사회에서 살아나가는 방법을 배우는 것이다."

우리는 불확실한 사회라는 것을 인정해야 합니다. 우리가 살아가는 법 자체가 리스크를 없애는 방법이 될 수는 없어요. 리스크를 가지고 최대한 이 리스크가 발생했을 때, 어떻게 헤쳐나가야 하는지에 대한 능력을 키워나가는 것이 더 중요하다고 할 수 있습니다.

알 수 없지만 4차 산업혁명이 일어났다고 가정을 하고 수많은 직업들이 없어진다고 이야기를 하고 있어요. 그렇지 않기 위해서는 우리는 어떠한 능력을 갖추어야 하고 어떠한 미래를 꿈꿔야 하는지도 불확실합니다. 그랬을 때, 필요한 것이 저는 창업하는 능력, 창업가적 정신이라고 생각을 해요. 이러한 정신들이 있다고 한다면 우리는 어떤 불확실한 환경 속에서도 커버가 된다고 생각합니다. 그러면 제가 드리고 싶은 메시지는 이런 것이에요. 청년 창업이 100세 시대니까 필요하다고 해요. 그럼 청년 창업을 어떻게 해야 하냐고 물어보시는 분들이 많습니다. 어떻게 해야 할까요. 창업이라는 것이 정말 어려운 것일까요?

내가 불편했던 것들을 사회에 내보는 것도 있을 수 있고요. 저는 그것 중에 말씀 드리고 싶은 것이 그런 거예요. 모든 사업이 작은 부분에서 시작되는 것이거든요. 우리가 세상에서 경험했었던 것들, 느꼈던 것들, 사회를 통해서 창업의 기회를 발견해볼 수 있는데요. 그런 것들이 무엇이냐는 것을 말씀드리려고 해요. 첫 번째는, 우리가 어디서 기회를 얻느냐 하는 것입니다. 저는 사실 취미 활동에서 기회를 얻었죠. 내가 하다 보니까 이게 사회적 가치가 있을 것 같고, 잘 될 것 같고, 재미도 있어. 그리고 나의 가치가 이것과 맞아 그래서 이 일을 하게 됩니다. 또 다른 것은 우리는 살아가면서 길에서 폐지 줍는 노인들을 많이 보잖아요. 리어카를 끌고 다니는데 굉장히 버거워 보이고, 그들이 하루에 열심히 일해도 2000원밖에 못 번대요. 이걸 보고 나서도 별생각이 안 들잖아요. 조금 더 생각을 해서 아이디어를 보태본다고 하면, 돈을 못 벌고 고생하시는 이 어르신들을 도울 수 있는 방법이 없을까?

이것을 한번 생각해보는 것입니다. 어떻게 도움을 드릴까? 일단 가치가 우선하죠. 내가 그분들에게 도움을 주고 싶다. 그렇다면 어떻게 도움을 드릴 수 있을까에 대해서 생각을 해보는 거예요. 특징이 리어카를 끌고 다니시는데, 동네 방방곡곡을 끌고 다니시는 거예요. 그래서 한 동네에 폐지 줍는 어르신들이 있다면 그분을 못 보시는 분들이 없는 것입니다. '어? 이걸 가지고 광고를 해보면 어떨까.' 그래서 리어카에 광고판을 부착해서 광고의 일정 수입을 어르신께 드리고, 이런 것들을 해나가서 광고를 하게 된다면 지역사회에 굉장한 광고가 될 것 같고, 어르신을 도와

드렸다는 가치 때문에 '좋은 기업이다.' 라는 이미지를 쌓게 될 수 있잖아요. 그렇기 때문에 이런 걸 해보면 어떨까 생각해볼 수 있는 거예요. 조금만 더 생각해보면 나올 수 있는 아이디어거든요.

폐지를 줍는 어르신을 보고 어떻게 바꿔볼 수 있을까, 어떻게 이분들에게 도움이 되는 활동을 할 수 있을까. 이런 생각을 한 번만 더 해본다면 우리에게 창업의 기회가 열리게 되는 것이에요. 그러면 어디서 기회를 얻느냐 하는 것입니다. 이 기업은 '그랜마찬' 기업인데요. 오래 하다 보니까, 내가 맛있는 밥을 오래 먹고 싶은데 '가장 맛있는 밥이 무엇이었지?'라는 생각이 드는 거예요. 내가 가장 맛있게 먹었던 밥은 우리 집밥이고 우리 할머니 혹은 우리 엄마가 해주셨던 밥 같다는 생각이 들게 됩니다. 우리 엄마, 할머니가 만들어준 밥이나 반찬을 만들어준 것을 가지고 사업을 해보면 어떨까, 그리고 이분들에게도 경제적으로 기회를 제공해드리면 어떨까라는 생각을 하게 됩니다. 그럼 경력이 단절된 여성분들을 모셔다가 반찬을 만들어 보자 해서 '어머니께서 만들어 주신 반찬' 이라는 아이템을 갖고 사업을 시작했고, 그것을 가지고 인천에서 시작했다가 전국적으로 확대가 되었다고 해요. 생각을 해보면 가족 구성원들 사이에서도 창업의 기회는 있는 거예요. 그래서 제가 드리고 싶은 말씀이 전부 사회적 기업이라는 것이었는데요. 사회적 기업은 들어온 지 10

년 정도 되었습니다.

취약 계층에게 일자리를 제공하여 사회적 목적을 추구하면서 영업을 수행하는 것을 사회적 기업이라고 합니다. 그리고 일반 기업과의 차이는 이렇게 말할 수 있는데요. 일반 기업 같은 경우는 문제가 생기면, 예를 들어 우리가 아이폰을 쓰잖아요. 홈 키가 없으면 편할 것 같다는 생각이 들어요. 이렇게 문제를 발견합니다. 그리고 해결책을 만들어 냅니다. 그럼 홈 키가 없게 기술을 개발해보자. 그러면 솔루션을 만들게 되고 그리고 나서 그런 상품을 내놓습니다. 홈 키를 없애면 문제가 해결이 되는 것이죠. 그런데 사회적 기업은 솔루션이 조금 달라요.

우리가 생각하는 사회적인 문제들과 인식들을 바탕으로 어떤 것에 문제가 있을까, 한 번씩 생각을 해보는 거예요. 길 가는 어르신, 우리 집에서 밥을 하시는 어머니, 아니면 할머니. 이런 분들에게 어떻게 하면 도움을 드릴 수 있을까 하는 생각으로 사회적인 문제를 인식하게 되고, 그리고 사회적 솔루션을 만들게 됩니다. 어르신에게 일자리를 주면 되겠지. 마케팅으로 활용하면 되겠지. 이런 식으로 솔루션을 만들게 되고 그 사람들에게 수혜가 돌아가면서 사회문제가 해결되는 것을 그리고 있습니다.

제가 청년 창업을 하고 있고 소규모 벤처를 하고 있는 입장으로서 말씀드리자면 청년들이 창업을 할 수 있는 다양한 방법들이 있어요. 기술 기반의 사업을 할 수도 있고요. 아니면 협동조

합과 같은 형태에서 찾아볼 수도 있습니다. 그런데 그런 것보다 조금 더 쉽고 사회적 가치가 있는 창업이라고 한다면 사회적 기업도 좋은 창업이라고 생각을 해요. 어떤 사람은 취미로써 창업의 길을 발견하게 되고 어떤 사람들은 길을 가다가 창업의 길을 발견하게 됩니다. 그래서 창업을 하실 때 사회적 기업 쪽으로 하시면 어떨까 하는 생각이 듭니다. 그리고 사회적 기업에 대해서 한 가지만 더 말씀을 드리자면, 현재 우리나라에는 사회적 기업이 협소한 의미를 가지고 있어요. 취약계층, 경력계층, 장애인, 노인들을 대상으로 하는 것이 사회적 기업이라고 인식을 하고 있는데요. 이런 것들이 조금 더 확장이 되어서 저와 같이 문화를 만든다거나 사회적으로 조금 더 의미 있는 활동을 하는 것들을 사회적 기업이라고 말씀을 드리고 있고요. 사회적으로 굉장히 확대되어 가고 있습니다.

지금 문재인 대통령 정권이잖아요. 근데 이 정권에서 굉장히 추구하고 있는 것이 경제 영역의 확대라 할 수 있어요. 그래서 여러분이 사회문제를 해결할 수 있는 떠오르는 아이디어가 있다면 사회적 기업을 준비해보고 실행해보는 것이 좋겠다는 생각이 들었습니다. 그리고 사회적 기업에 대해서 관심이 있으시다면 12월에 공고문이 뜨거든요. 3000만 원 정도 지원해주는 곳이 있어요. 그래서 내가 어떤 기술을 개발하고 싶다, 라는 것이 있을 때, 누구나 쉽게 참여해볼 수 있어요. 대구 지역에도 있고요. 작년에는 700명 정도 뽑았다는 걸로 알고 있는데, 현재는 1000개의 창업 팀을 뽑는다고 하니까요. 관심이 있으신 분들은 해보시면 좋을 것 같습니다.

창업을 해야 하는 이유, 다시 말씀드려 본다면 질문을 하나 드릴게요. 우리가 고민을 많이 하죠. 자신이 좋아하는 일과 잘하는 일 사이에서 고민을 되게 많이 하죠. 그리고 특히 대학 3학년 2학기쯤 되면 내가 잘하는 일을 해야 할까 고민을 하게 됩니다. 근데 그것에 대해서 답변이 조금 나오는가요? 과연 현대 사회에서 좋아하는 일과 잘하는 일의 차이점이 있을까요? 운동화 공장에서 생산 라인에 근무를 하는 사람은 좋아하는 일을 하는 걸까요? 잘하는 일을 하는 걸까요? 그 외에 우리는 수많은 일을 하면서 잘하는 일을 하나요? 좋아하는 일을 하나요? 좋아하는 일도 안 하고, 잘하는 일도 안 하고, 시키는 일을 하고, 할 수 있는 일을 합니다.

그렇다면 이걸 어떻게 바라볼 수 있냐고 했을 때, 중세와 현대로 나누어 볼 수 있을 것 같은데요. 중세 같은 경우는 제가 구두 장인이라고 생각을 해봅시다. 여러분에게 구두를 예약 받아서 만들어 드립니다. 판매를 하죠? 그리고 수익을 얻죠? 그리고 어떤 제품을 만들었을 때, 성취를 얻게 됩니다. 길 가다가 내 구두를 신고 있는 사람을 본다면 '오, 저거 내가 만든 건데. 뿌듯하네.' 그래서 과거의 일이라는 것은 판매에 따른 보상과 성취와

보람이 같이 있었어요. 그런데 현대에서의 보상은 어떻게 될까요? 이 사람이 500년이 지나서 나이키 신발 공장에서 일한다고 생각을 해봅시다. 이 사람은 지금 나이키 신발 공장에서 운동화 깔창을 까는 일을 하고 있어요. 그렇다고 했을 때, 이 사람에게 판매에 따른 보상이 돌아가요?

내가 이것을 한국에서 팔았을 때 판매 보상이 돌아오나요? 돌아오지 않습니다. 그럼 무엇이 돌아오나요? 옛날에는 구두 3켤레 정도를 만들었다고 한다면 지금은 하루에 구두 500켤레 정도를 손대고 있어요. 그렇다면 이 사람은 500켤레를 만들면서 성취를 느낄까요? 그렇지 않죠. 그리고 길 가다가 어떤 사람이 나이키 운동화를 신어요. 그렇다고 했을 때, 내가 만든 신발이기에 보람을 느끼나요? 그것도 아닙니다. 결국 우리가 하는 노동이라는 것은 판매에 따른 보상도 없고요. 성취라는 것도 없고요. 어떤 것을 만들어 내었을 때, 보람이라는 것도 찾기가 힘들어요.

현대 사회의 일이 세분화되어 있고, 오히려 내가 만든 물품이 나를 밀어내는 현상을 경험하게 되는데요. 저는 이런 것들을 해결해줄 수 있는 것이 창업이라고 생각을 해요. 계속 창업을 팔고 있는데요. 왜 그러냐. 저는 우선 좋아하는 일을 하고 있어요. 제가 하고 있는 일이 좋아하는 일입니다. 좋아하지 않으면 제가 이 창업을 할 필요가 없죠. 그리고 창업을 하다가 잘하지 않으면 도태가 돼요. 그래서 제가 하고 있는 창업 또한 잘하는 일이에요.

그래서 저는 좋아하는 일과 잘하는 일을 같이 하고 있습니다. 또 다른 것으로는 어떠한 것을 만들게 되었을 때, 어떠한 가치를 실현하게 되었을 때, 보람을 느껴요. 왜냐하면 제가 만드는 것이거든요.

제가 북클럽을 만들어요, 제가 어떤 상품을 만들어요, 저의 기획으로 인해 행사가 열려요, 그 모든 것들이 제가 기획하고 제가 주최한 것들이기 때문에 그로 인해 얻는 보상이라는 것이 다 제게로 돌아오게 됩니다. 우리가 열심히 일을 해요. 마케팅 일을 한다거나, 회계장부를 작성한다거나 이렇게 한다고 해도 보상이라는 것은 안 돌아오고 굉장히 쪼개져서 돌아오기 마련인데, 창업이라는 것은 한번 하게 되면 온전히 나의 것이 되어 버린다는 장점을 갖고 있어요. 또 다른 걸로는 내가 하고 싶은 일을 주체적으로 하게 된다는 거죠. 그리고 창업의 또 다른 장점은 능력을 길러줍니다.

우리가 어떤 회사에서 일하게 되었을 때, 분업화된 사회이기 때문에 내가 마케팅을 하게 된다고 하더라도 마케팅을 전반적으로 맡게 되는 게 아니에요. 그 안에서 마케팅 기획을 맡게 된다거나, 마케팅과 관련하여 소품을 찾는 것을 한다거나, 이러한 방식으로 하게 됩니다. 근데 창업을 하면 다 혼자서 해야 해요. 회계장부도 정리해야 하고요, 그다음에 행정 업무 처리도 해야 하고요, 세금도 내봐야 해요. 그것 말고도 갑자기 어디서 물이 새면 고치러 가야 하고요. 행사도 한번 기획해봐야 하고요. 이렇게 강연도 해봐야 하고요. 어느 날 콘텐츠도 만들어야 해서 포토샵도 배워야 하고요. 영상 홍보가 필요하면 영상도 만들어야 하고요. 영상 기술도 배워야 하고요. 그 외에 수많은 기술들을 배워나감에 따라서, 복합적인 나 자신의 능력이 향상되는 것을 느낄 수 있어요. 그렇기 때문에 창업이 좋다, 라고 할 수 있어요. 또 다른 걸로는, 창업을 하게 되면 따로 취업 걱정이 사라지기도 합니다. 그것은 왜 그런 것일까.

저는 책과 관련한 사업을 하고 있기 때문에, 도서관에 계시는 대표님들과 미팅을 가끔씩 하고 있어요. 교보문고라든가 은행나무, 희망하는 출판사 대표님들, 그리고 담당자분들과 계속 이야기하게 되고 협업하면서 제가 만약 사업이 망하게 되더라도 취직할 수 있는 공간이 충분히 많은 거예요. 가끔 대표님들이 이런 말씀을 하세요. "병석아, 그거 하다가 망하면 우리 회사로 들어와. 내가 경력직으로 써줄게." 이렇게 얘기하시거든요. 그러니까 결국 창업을 하다가 역량이 쌓이고, 그리고 수많은 기회를 접하다 보니까 일반적으로 취업을 할 필요 자체가 없기도 하고, 그리고 취업을 안 해도 된다는 생각이 요즘 들어 생깁니다. 내가 왜 굳이 남의 회사에 돈을 벌어 줘야 할까. 그리고 내가 저 사람보다 잘난 것 같은데, 내가 왜 저 사람 말을 들어가면서 일을 해야 할까라는 생각이 들기 때문에, 주체적으로 되고 취업을 할 필요가 없다는 생각도 하게 됩니다. 또 한편으로는 이것이 위안이 될 수도 있겠는데요. 창업을 하면 경험이 많아져 스펙으로 쓰기가 굉장히 좋아요. 특히 은행권에서는 창업을 하는 사람에게 가산점을 많이 주거든요. 그리고 어떤 은행, 기업에 들어간다고 하더라도 자신의 직무가 많이 변하거든요. 직무가 변했을 때 유동적으로 대처할 수 있는 능력이 굉장히 중요하기 때문에, 창업을 하게 되면 유동적으로 대처를 할 수 있게 됩니다.

제가 드리고 싶은 말씀을 간단히 정리해서 보자면, 창업이라는 길은 멀지가 않고 일단 한번 해보았을 때, 내가 좋아하는 것이 뭔지, 내가 잘하는 것이 뭔지를 명확하게 깨달을 수 있고, 또한 사회적 기업이라는 경험을 통해서 우리가 일상적으로 느낄 수 있는 수많은 경험들을 기획하고 실질적으로 돈을 벌어볼 수 있는 경험을 하게 된다, 라는 것이 저의 메시지입니다.

삶은
편집이다

김 정 미

멀티애드 대표

여성 에디터 플래너, 멀티애드 대표로 문화 콘텐츠 개발에 힘쓰고 있다. 국내 유명 잡지와 소식지의 르포라이터·구성작가를 맡았다.

안녕하세요? 저는 멀티애드 대표, 김정미라고 합니다.

오늘 제 강의를 듣는 분들에게도 제 강의가 누군가에게 삶을 결정하는데 조금은 도움이 될 수도 있을 것 같고, 어떤 분에게는 학점을 채우기 위한 자리일 수도 있을 것 같고 여러 가지의 경우가 있을 것 같아요. 또 다 들어두면 나름의 도움이 될 부분이 있다고 생각하고 준비했습니다.

저는 국문학을 전공했고요. 대학원을 간 이유는 단 하나였습니다. 교육대학원을 가서 교사 자격증을 따고 학교 선생님이 되면 정말 편할 것 같았어요. 학교와 학원에 잠깐 있어봤어요. 근데, 금방 뛰쳐나오게 되었어요. 거기는 제가 있을 곳이 아닌 것 같더라고요. 그래서 학교를 박차고 나왔습니다. 다시 제 원래 직업으로 돌아갔습니다. 저는 멀티애드 회사를 경영하고 있고요. 저희 직원은 10명 정도 있습니다.

스티브 잡스를 아시나요? 여러분에게 잡스는 어떤 사람인가요? 잡스하면 어떤 생각이 드나요? 애플 폰 가지고 계신 분 혹시 계신가요? 잡스 이야기하면 생각나는 것을 여러분과 이야기해보면 세대 차이를 느낍니다. 저는 잡스하면 애플 폰이 아니라 애플 컴퓨터입니다. 매킨토시라는 것이 있었어요. 매킨토시가 무엇이냐 하면, 편집 전문 프로그램입니다. 디자인 전문 프로그램. 애플에서 나오는 매킨토시라는 프로그램을 가지고 디자인을 해내는 겁니다. 이 사람이 디자인 업계에서 새로운 변형을 일으킨 사람입니다. 그래서 그때부터 쌓아온 디자인이나 감각들을 다 옮겨온 것입니다. 애플의 장점은 심플한 디자인이죠. 그것이 바탕이 되어서 휴대폰으로 간 것입니다. 이 사람이 남긴 명언이 참 많아요. 그중에서, 강의를 준비하다가 제가 늘 가지고 있는 마음속의 문구 중 하나가 'connecting the dots' 입니다. 점이죠. 점들에 대한 연결입니다. 그 말의 속뜻은 '과거의 어떤 사소한 경험이라도 미래에 연관이 있을 것이기 때문에 충실하게 하라.' 는 말입니다. 어느 교수님께서 학생은 학창 시절에 놀아도 된다고 말씀하셨는데, 놀 시간이 없는데 놀라는 것은 어폐일 수 있어요. 그렇지만 사회나 현실이 그렇게 만들어 주지는 않잖아요. 노는 것조차 점에 대한 연결성을 가지고 있을 거라 믿는 편입니다.

저는 4년 내내 대학 신문사에 있었거든요. 제가 오다 보니까, 독서 플래카드가 걸려있던데, 여러분은 휴대폰에 빠져 있는 분들이고 저 역시도 그렇습니다. 그렇지만 대학 다닐 때 열심히 읽었던 책들, 그리고 고등학교 때 몰래 읽곤 했던 책들이 저를 연결시켜준 것 같아요. 아이가 3명이 있는데, 큰 애가 여러분과 비슷한 나이입니다. 여기 계신 여성분들도 느끼겠지만 일을 하면서 아이를 마음대로 낳아 기르기 힘든 것 같아요. 임신하고 낳는 시간의 조율이 필요하기 때문입니다. 그렇게 아이 셋을 낳았습니다. 아이 셋과 대학 신문사의 공통점이 무엇이냐면, 인간이라는 것이었어요. 관계의 형성, 선후배 간의 인간관계, 책을 읽었을 때 책 속에 등장하는 등장인물 간의 인간관계가 있었던 것 같아요. 그 속에서 자연스럽게 형성되는 인간관계가 다 점이 되어서 저는 오늘날 이런 일을 하게 되었습니다. 이런 것들이 모여서 책 소개, 표지 디자인을 할 수 있었습니다.

저에게 가장 충격적인 문화 중 하나가 술이랑 여관 문화였습니다. 신문이 나오고, 원고료가 나오면 선배들이랑 술을 마시러 가거든요? 계대 근처에 가면 일신장이라는 만 원짜리 여인숙이 있었어요. 대학 때 여관 문화를 처음 알게 되었어요. 저희 대학 다닐 때는 삐삐가 있었습니다. 여인숙엘 가야지 남학생들이 야동을 볼 수 있었습니다. 남자친구가 있으면 재워주고 나오고, 선배들 뒤처리해주고 이렇게 하면서 저한테 머리에 새겨진 여인숙은 술 마시고 야동을 보는 곳입니다. 다음 날 친구가 학교에 안 나오면 전화를 해서 친구 바꿔주세요, 라고 합니다. 어느 순간부터 호수를 기억하게 됩니다. 죄수들처럼 자기 이름 없이 번호로 기억되는 곳이 이곳입니다. 제가 처음 맡았던 프로젝트가 모텔이 었습니다. 처음 출발은 비즈니스호텔로 시작을 했습니다. 광고주가 특이하신 분이셨어요. "모텔도 광고를 해야 찾아오지. 내가 방 30개를 만드는 데 80억을 투자했어." 우리나라에서 제일 좋은 모텔을 지은 겁니다. 그 사장님 입장에서는 홍보를 열심히 해야 하는 겁니다.

내가 대학 때까지 가본 모텔은 계대 앞에 일신장밖에 없는데. 그래서 서울에 있는 모든 모텔들, 만 원짜리 여인숙부터 시작해서 고급 호텔까지 다 뒤지게 됩니다. 제일 좋은 호텔이 서울에 있는 W호텔이었습니다. 왜 모든 호텔들은 방 이름이 302호, 101호 등일까요? 의문의 시작은 사소한 경험에서 출발했습니다. 방 이름을 각기 다르게 붙이자는 것이었습니다. 그래서 한식을 콘셉트로 했던 방 이름은 이렇게 다르게 붙였습니다. 이건, 한식풍 방은 '조선남녀상열지사'로 붙였어요. 그래서 하부 제목으로 '서로 통하였느냐'로 붙였습니다. 뭐 통했는데? 방에서 뭐든지 통하면 나쁠 것이 없잖아요.

그래서 이렇게 이 방처럼 다른 방도 각기 다른 콘셉트로 이름을 정하게 됩니다. 그러면서 중간에 이런 일도 있었어요. '여인의 향기'라는 영화가 있어요. 그 제목이 너무 탐이 나서, 여인의 향기라는 이름을 짓고 나니까 방 인테리어가 바뀌어 버렸어요. 여인의 향기에 맞게. 제가 의도한 바는 아니었는데, 그림을 가져다 붙인 거예요. 저, 그 순간 싸우기 시작했습니다. 내가 생각했던 여인의 향기는 저런 것이 아닌데, 저분들의 생각에는 여자의 누드를 가져다 놓는 것이 여인의 향기구나 했어요. 그냥 모텔, 호텔 그러면 창의적인 것이 필요 없다고 생각할 수도 있어요. 그냥 침대 하나 가져다 넣고 예쁜 벽지 바르면 끝나는 것인데 그것에 창의가 왜 필요한 것인가. 만드는 사람에 따라 달라질 수 있다는 것이죠. 방 이름 따라 콘셉트를 달리하고 인테리어를 바꿀 수 있는 것들, 그것이 창의성 영역이라고 생각해요. 대구에서 처음으로 홈페이지를 만든 것도 이곳입니다.

어느 날 계대 학생들이 타깃이 되었습니다. 성공할지 말지 궁금했습니다. 학생들이 예약을 하더라고요. 와서 무엇을 하느냐. 밤새도록 시험공부를 합니다. 그때 당시에 와이파이와 컴퓨터를 무료로 이용할 수 있는 획기적인 장소였습니다. 그룹으로 와서 여기에서 밤새도록 공부를 하고, 다음 날 조식을 먹고 다시 학교를 가는 하나의 문화가 형성되었습니다. 학교 다닐 때 가장 많이 먹는 것이 삼겹살과 소주잖아요. 어느 날 저희 광고주 누군가가 삼겹살 식당을 오픈하게 되었어요. 본인은 식당을 고급스럽게 해보고 싶어 했어요. 그래서 저희가 생각할 때, 삼겹살 그러면 왁자지껄, 시끄럽고 그런 것을 상상하다가 돼지도 품위가 있어 보이고 싶지 않을까 하는 생각이 들었습니다. 그래서 광고 한 편을 만들게 되었습니다. 삼겹살집 광고 치고는 너무 정갈한 광고였습니다.

농협에서 자기 브랜드를 가지고 장사를 하는 집입니다. 그래서 일반인들이 하는 장사와는 조금 다른 케이스였습니다. 과연 카피를 어떻게 쓸 것인가 고민하고 그랬어요. 그래서 그 키워드를 펼쳐봤는데 하나 눈에 들어오는 것이 있었어요. '기특하다.' 언어라는 것은, 광고로 언어를 풀 때는 굉장히 쉬운 언어로 풀어야 합니다. 일상적이면서도 브랜드와 어울릴 수 있는 언어들을 캐치해내는 게 카피라이터의 능력입니다. 기특한 가격으로 너희들을 모시겠다. 어차피 조금 더 정갈하게 가기로 했으면 정갈함이라는 그 콘셉트에 최대한 맞춰보자 해서, 한지에 붓으로 그린 케이스였습니다.

이걸 처음 보던 광고주가 돈을 안 주신대요. 왜요? 너무 간단하다고 이야기하시더라고요. 한국에서 만든 잡지들은 굉장히 복잡해요. 우리는 너무 많은 설명을 하려고 복잡하게 만들어요. 그런데 삼성에서 만드는 것과 같은 좋은 광고들은 말이 별로 없어요. 그냥 끝냅니다. 무엇으로? 전지현 바디 하나로 끝내든가, 김수현 미소 하나로 끝내죠. 구구절절 말을 많이 하지 않습니다. 이승기가 나오는 밥솥 광고가 있었죠. 이승기가 밥을 푸는데 얼마나 맛있겠어요. 상상력만 주는 겁니다. 광고의 첫 번째 원리는 가장 심플하게 전달해야한다는 것입니다. 너무 심플하기 때문에 너네들이 한 것이 없다고 생각하세요. 그래서 구구절절 말을 많이 하려고 하는 거예요. 그래서 여러분도 똑같아요.

이력서 쓸 때 너무 많은 말을 쓰려고 하지 마세요. 첫 문장이 늘 똑같아요. "1남 1녀에 장녀로 태어나 자애로운 부모님과…" 이렇게 시작합니다. 때로는 2녀 3녀이신 분. 그런 분들은 앞쪽에 그런 말 적어도 돼요. 그런 것 아니고는 앞쪽에 절대로 그런 말을 쓰지 마세요. 오늘 들으신 수업을 적으세요, 차라리. 저는 기획, 광고 또는 글 쓰는 쪽이기 때문에 최소한 저희 쪽에 지원하는 사람은 적어도 관심이 있어서 지원을 했을 것이잖아요. 시나 좋은 구절을 첫 구절로 내시란 말이에요. 대부분이 1남 1녀고 우리 부모님은 나빠요, 라고 이야기할 수 있는 사람은 단 한 명도 없어요. 부모님은 기본적으로 다 훌륭하신 분들이세요. 그래서 그런 거 쓰실 때 가장 심플하게, 하지만 핵심적인 것을 쓰세요. 마음을 다해서 쓰세요. 그래서 받아들이는 기준점. 그런데 이 광고를 받아들이는 것은 타깃 대상이 여러분이 아니에요. 누구냐면 비즈니스입니다. 기업체 단체 회식입니다. 누구를 타깃으로 하는가에 따라 광고에 대한 언어적 표현이 달라지거든요. 여러분들도 똑같아요. 여러분이 가고자 하는 타깃이 누군지에 따라 문구를 작성해야 한다는 겁니다.

저희는 언어를 가지고 살아가는 사람입니다. 언어의 유희를 먹고 사는 사람들. 말장난으로 먹고 사는 사람입니다. 서울에 면접을 보러 가면 지방 출신들이 서울말 쓰려고 애쓰잖아요. 쓰지 마세요. 자기 언어를 자기 것으로 소화를 해나가는데 경상도 말 중에서 고급 언어를 자기 것으로 소화해서 쓰세요. '니캉 내캉' 이 무슨 뜻이에요? 너와 나이죠. 순수 경상도 사투리입니다. 두 번째, '단디 챙기.' 뭔가요? 똑바로 챙겨라 그 말이죠. '우얏꼬' 는 뭔가요? '어떻게 하지?' 라는 뜻이죠. '억수로 고맙데이.' 는 뭔가요? '억수로' 때문에 서울 쪽 카피라이터들이 엄청 즐겨 쓰는 언어가 되었어요. 만수르 아시죠. '고단새' 는 뭐예요? 어느새의 의미죠. 그다음에 '천지삐까리', 쓰시나요? 쓰시죠. 많은 거예요. '달싹한' 도 경상도 사투리입니다. 너무 예쁜 언어예요. '모디라' 라는 말은 많이 들어보셨죠.

경상도 언어인데 그걸 서울 사람들이 보면 일본어인 줄 알아요. 이게 무엇이냐면, 수성구에 살면 수성구 소식지를 보시는지 모르겠는데 매월 나오는 소식지의 디자인 표어입니다. '쫌' 이 경상도 최고의 언어라고 생각해요. '쫌!' 한 번 해보세요. '야, 우리 이거 하자.' 이러면 '쫌' 하면 하기 싫다는 것이죠. 제가 이 중에서 제일 사랑하는 단어는 4월의 '우얏꼬' 입니다. 디자인이 벚꽃 꽃잎입니다. 영남대도 예쁜데 수성못도 참 예뻐요. 그럴 때 꽃길을 걷는데 정말 내 마음이 '우얏꼬' 싶은 거예요. 그래서 경상도 표현 중에서 우얏꼬를 비롯한 예쁜 표현이 있더라는 거예요. 수성구에서 열리는 축제가 많아요. 많다는 걸 그냥 많다고 하기는 조금 그렇잖아요.

그리고 역지사지라고 썼는데 '에디터에게는 디자인을, 디자이너에게는 텍스트를' 이라는 부제를 달았습니다. 에디터는 글 쓰는 사람인데요. 저희 회사에는 두 종류가 있어요. 에디터와 디자이너. 에디터는 글을 쓰고 취재를 하는 사람, 취재했던 글을 바탕으로 디자인을 하는 사람을 디자이너. 디자이너는 전부 다 디자인과 출신입니다. 에디터는 전공 제한이 없습니다. 근데 가급적이면 문과생을 선호합니다. 이과생 중에서 최소한 이러한 인문학에 열의가 있는 사람을 선택합니다. 이유 중 하나는 사고의 능력이, 약간의 다른 사고를 한다고 생각하기 때문입니다. 공대생들과 인문대생의 사고가 조금은 다릅니다. 대신에 제일 먼저 사진을 가르칩니다.

저희 회사에 에디터로 들어오면 카메라를 잡게 합니다. 글을 쓰는 것만으로 되는 게 아니라, 볼 줄도 알아야 합니다. 조금 더 시각적으로 표현할 수 있으면 훨씬 더 올라갈 수 있는 여지가 생겨요. 그중에서 가장 좋은 방법은 사진을 찍는 거예요. 여러분도 인스타그램 많이 하시잖아요? 사진을 어떻게 찍느냐에 따라서 디자인을 전공하지 않은 사람도 해낼 수 있어요. 광고 카피라이터에 관심이 있으신 분들은 사진을 배우세요. 그래서 자기소개서 첫 줄에 '사진을 배우고 있는 ~입니다.', 이렇게 한 줄을 쓰세요. 그리고 디자이너들에게 텍스트를 읽는 능력을 가르쳐요. 디자인과 친구들은 사실 컴퓨터를 놓고 디자인을 하잖아요? 텍스트를 보는 여력이 잘 없어요. 타이핑할 때 실수가 생길 때도 있습니다. 디자이너의 필수적 조건은 텍스트에 대한 인지적 능력입니다. 그래서 디자인과 학생들이 있으시면 별도로 맞춤법 공부를 반드시 하셔야 합니다.

글 쓰는 에디터가 같이 사진을 찍습니다. 시인을 취재할 경우가 있었습니다. 보통 시인을 취재하면 무엇을 찍어야 해요? 여러분 같으면 무엇을 찍을 것 같아요? 이 사람과 인터뷰를 하면서, 이 사람이 가지고 있는 내면을 끌어내는 거예요. 그 사람이 시인인데 음악을 좋아하는 거예요. 그래서 음악 오디오 룸을 가게 됩니다. 그게 일반적인 정석이에요. 에디터가 거기에서 사진을 한 장면 발견하게 됩니다. 왜 흑백으로 사진을 찍었을까요? 오디오는 굉장히 아날로그 형식입니다.

그래서 사진을 찍을 때도, 칼라로 찍더라도 디자이너가 그 감각에 맞춰서 사진을 흑백으로 돌려버립니다. 그것이 조화되어서 텍스트가 표현이 되는 거예요. 대체로 양끝 맞추기로 되어있어요. 독자들이 읽는 것을 감안해서 절대로 조사가 떨어지지 않도록 해놨어요. 양끝 맞추기를 하면 때로는 조사가 떨어질 때도 있습니다. 그러면 읽기가 불편하잖아요. 저 둘이 붙어서 몇 시간을 해야 하죠. 텍스트를 완벽하게 읽어야지만 가능한 부분입니다. 앞으로 잡지 보실 때 유심히 보세요. 단어 끝이 어떻게 연결되어 있는지. 시인의 책장 사진을 하나 더 넣습니다. 명확한 콘셉트는 시인이지만 오디오를 사랑하는 시인. 오디오 사진을 앞에 넣고 뒤에는 책을 바탕으로 사진을 찍습니다. 저희가 굉장히 다양한 일을 해요.

서울에 가면 분야가 정확하게 나누어져 있어요. 첫 편집 분야 따로, 광고 따로, 광고도 방송광고 따로, 인쇄광고 따로 나누어져 있는데, 대구 같은 경우는 기업이 많지는 않잖아요. 그래서 한 회사에서 이 모든 것들을 다 하고 있어요. 대구는 다 목표가 서울로 가는 거잖아요. 지방에 남아있고 싶어 하는 사람은 잘 없으시잖아요. 일도 없고. 근데 저희 회사에 3년, 4년 있다가 서울로 진출해서 대부분 다 성공을 했습니다.

제가 이 말씀을 드리는 것은 지방에서는 전문화된 한 분야를 할 수는 없지만, 굉장히 다양한 분야를 섭렵할 수 있어요. 그래서 여기에서 어느 직장에 들어가서 3년 정도 자기의 내공을 쌓고 나서 이것을 경력으로 서울에 지원하는 것도 하나의 방법입니다. 왜냐하면 신입을 뽑지 않거든요. 여러분 같은 신입들이 여기에 와서 글 한 편 쓰게 하는데 1년이 걸려요. 1년이 지나서야 원고를 쓸 수 있어요. 근데 이런 인터뷰 기사는 1년이 지나도 사실은 못 써요. 한 3년 차 정도 돼야지 쓸 수 있거든요? 그래서 저희가 교육시키는 것이 너무 힘이 들다 보니까, 신입을 받는 게 너무 부담스러워요. 요즘 연봉은 다 높죠. 요즘 희망 연봉을 적으라고 하니까 몇 년 전까지는 최고가 2000이었는데 요즘은 2500

을 적어요. 대구의 초봉, 2500만 원 아무 데도 없습니다. 서울에 가면 더 없어요.

그래서 내가 이루고자 하는 어떤 한 분야가 있다면 계속 서울 쪽으로 도전하는 것도 좋은데, 때로는 분야에 따라서는 지방 기업에 들어가서 그곳에서 몇 년 정도 커리어를 쌓고, 그 커리어를 가지고 서울의 중앙무대로 진출하는 것도 하나의 방법입니다. 서울에서도 경력이 있는 사람을 뽑고 싶어 하거든요? 오면 바로 일 시킬 수 있으니까. 그래서 그런 방법들도 있습니다.

마지막으로 '힘을 내요' 라는 것입니다. 저희가 일하는 것 중에 하나가, 삼성전자 일을 지방에서는 처음으로 하고 있어요. 구미 사업장이라고 부르지 않습니다. 그런 말은 촌스럽다고 본인들은 '삼성스마트시티' 로 불러 달라고 해서 그렇게 부릅니다. 삼성스마트시티 구미, 삼성스마트시티 광주 등 이렇게 이름들이 다 바뀌었습니다. 구미 삼성스마트시티에 약 만 명 정도가 근무를 해요. 그 사람들 안에 들어가면 만 명이 같이 공유할 수 있는 블로그를 운영합니다. 그 블로그 운영을 저희 회사에서 대행을 해주고 있어요. 삼성 안에서 일어나는 모든 일을 전담하는 저희 직원들을 만들어 놓고 있는데, 구미에 일주일에 두세 번씩 회사를 오가면서 취재를 하고, 취재한 것을 디자인해서 블로그에 올리는 일을 하고 있습니다. 근데 제가 이것을 왜 말씀드리느냐면, 제가 저희 직원들이 처음 우리 회사에 오면 지방대 출신이고 작은 회사에 있다는 걸 굉장히 의기소침해합니다. 다 내가 삼성에 가야 할 것 같고 이 자리에 있을 사람이 아닌데 있는 것 같고 그렇거든요? 근데 제가 삼성 일을 하면서 직원들한테 제일 먼저 이야기를 하는 것은 아까 '힘을 내요' 라는 것이에요. 너희들이 삼성에 견줄 만큼의 스펙은 되지 못했지만 그들이 하지 못하는 일을 너네들이 해주고 있다고, 항상 이야기를 합니다. 근데 그 블로그 담당자가 글을 쓸 줄 몰라요. 관리만 할 뿐이에요. 우리 직원은 삼성을 대시할 토익 점수도 안 됩니다. 스펙도 안 됩니다. 유학도 다녀오지 못했어요. 아무것도 안 됩니다. 그렇지만 우리 회사에 들어와서 그만큼 성장을 하고 글을 쓰는 것에 대한 기술을 익히고 해서 삼성이라는 곳과 일을 하면서 삼성에서 원하는, 그들이 할 수 없는 일을 우리는 해주고 있는 것입니다.

갑을 관계가 존재하는 것 같지만 우리 속에서 갑을 관계가 절대로 존재하지 않습니다. 똑같은 평등에 대한 기준들이에요. 왜냐하면 그들이 할 수 없는 것을 내가 하고 있기 때문에, 그가 쓸 수 없는 글을 우리가 쓰고 있기 때문에, 그래서 항상 가서 의기소침해하지 말라고 이야기를 합니다. 대기업하고 거래하는 것은 굉장히 힘든 일이기도 해요. 그렇지만 그 안에서 자부심을 가지는 것, 내가 그 사람의 자리에 가서 앉아있지는 못하지만 그가 할 수 없는 걸 나는 하고 있다는 것, 그래서 저희가 이런 일들을 하면서 다들 이렇게 자체적으로 운영할 것 같지만 외주사를 통해서 일을 하고 있습니다. 보통 삼성에 지원하는 사람들은 이러한 블로그를 보고 정보를 얻고 면접을 볼 때 이야기를 하겠죠. 여러분들도 정보를 찾을 때, 각 사업장에서 운영하는 홈페이지나 블로그들이 다 있어요. 삼성에서도 사업하는 대외적인 블로그가 있습니다.

이 속에서 그들이 가는 방향이 무엇인지, 그들은 사회 공헌을 어떤 식으로 하고 있는지, 그것을 먼저 파악해서 파악한 것을 자기소개서에 넣으셔도 됩니다. 나는 너네들의 블로그를 통해서 무엇을 하는지 알고 있다, 라고 이야기 한다면, 그 사람들이 봤을 때는 이 사람이 우리 회사에 지원하기 위해서 더 열심히 공부하고 왔다는 것을 인지할 수 있거든요. 글을 잘 쓰는 것이 아니라 글의 포인트를 무엇으로 잡느냐에 따라서 자기소개서든 뭐든 글의 내용이 달라진다고 생각을 해요. 이런 수업 들으면서 창의적인 부분이 많이 길러지잖아요. 이런 수업을 통해 많이 생각해 보시기를 바랍니다. 이런 일들을 하는 것에 있어서 저에게 가장 바탕이 되었던 것은 학보사에 있으면서 글 쓰는 것을 배웠고, 인간관계를 배웠으며, 술을 배웠고, 여관 문화가 무엇인지를 알았기 때문입니다. 그래서 저희 광고주가 까다롭게 연구하는 방 31개의 콘셉트를 잡아낼 수 있었던 것 같습니다. 학교 다니면서 경험했던 것이 별것 아닌 것 같은데 사회에 나와서 생활을 해보니까 엄청난 것을 주더라고요. 독서도 마찬가지인 것 같아요.

저는 생각해보니까 대학을 다닐 때, 소설 이외에는 하나도 읽지 않았던 것 같아요. 지금은 여러분도 에세이 많이 읽으시잖아요. 그죠? 저는 에세이를 읽어본 적이 없어요. 오히려 소설을 읽었던 것이 그 사람을 이해하는 폭을 조금 더 넓혀주었던 계기가 되었던 것 같아요.

광고를 하는 데 있어 첫 번째는 타깃을 읽는 것입니다. 이 물건을 쓸 사람이 누군지를 아는 것이거든요. 그거에 따라서 이 물건의 크기와 모든 것들이 다 달라져요. 그것은 무엇에서 출발하느냐면, 기본적으로 인간에 대한 관계에서 비롯된 것이거든요. 여러분들이 인문학을 하는 것 역시도 인간에 대한 탐구를 하는 것이잖아요. 그 역시도 인간에 대한 탐색입니다. 그래서 모든 것들은 인간에 대한 탐색이라서 많은 인간관계를 유지하셨으면 좋겠습니다. 마지막으로 스티브잡스가 했던 명언 중에서 한 가지입니다. 'Stay hungry, Stay foolish.' 입니다. 항상 배고파하고 무엇에 대해서 갈망을 했으면 좋겠어요. 그리고 조금 더 우직하게 나아갔으면 좋겠습니다.

제가 여기 오기 일주일 전에 계속 새벽 2시까지 야근을 했었거든요? 그래도 내가 명색이 사장인데 새벽까지 야근을 해요. 이유 중 하나가, 저의 직원 중에 정말 아끼던 직원이 있었어요. 4년을 데리고 있었는데 이 친구가 작년에 결혼을 했어요. 4년을 버텼는데 일이 힘들어? 뭐가? 애를 못 갖겠어요. 결혼을 했으니까 애기를 가질 시간이 없는 것입니다. 야근에 시달린다고. 글을 쓰는 직업이라서 그런 것이에요. 글을 여기서 지금 쓰라고 하면 잘 안 될 수 있잖아요. 작은 불 하나 켜놓고 시작해서 쓰면 잘 써지잖아요. 대부분 밤이 주는 고요함과 정적이 사람의 감정을 깨우는 것들이 있어요. 그래서 저희 직원들과 저는 낮에는 계속 놀아요. 밤이 되면 글을 쓰기 시작하죠. 새벽 2~3시까지 계속 되는 것이죠. 그러니 남편이 좋아할 리가 없겠죠. 너무 안타까운 거죠. 애기는 낳아야 하는데. 그래서 그 일을 일주일 동안 제가 떠맡아서 다시 맡아줄 사람을 뽑기도 하고. 근데 그런 반면에 그걸 조금 헤치고 우직하게 나갈 수 있었으면 좋겠다고 생각하게 됩니다.

제가 이야기한 것을 다 똑같이 적용할 수는 없지만 그래도 여러분들이 좋아하는 것이라면 조금 우직하게 그것들을 뚫고 나갈 수 있는 방법을 찾아볼 수 있지 않을까, 하는 생각을 해봐요. 저희 직원과 제가 같이 임신을 했어요. 저희 직원은 출산하기 한 달 전에 휴가를 내어서 3개월을 쉬었죠. 근데 저는 사장이니까 애기 낳기 1시간 30분 전까지 일을 했습니다. 광고주가 미팅을 안 끝내는 것입니다. 그래서 광고주한테 회의 여기서 끝내자. 아기를 낳으러 가야 한다. 그래서 아기를 낳으러 갔습니다. 그 다음 날 전화로 다시 회의를 했습니다. 기획서를 내야하니까 타이핑을 했습니다. 그래서 제가 손가락을 잘 못 써요. 그런 고질병을 얻으면서도 여기까지 오는 것입니다. 그게 좋아서 오는 것 같아요. 지금은 조금 다른 게 있어요. 그걸 보게 되면 함부로 회사를 접거나 내가 여기서 중단해야겠다는 생각을 못 합니다.

처음에 시작할 때는 하다가 힘들면 그만둬야겠다는 생각을 하면서 시작을 했었거든요. 그게 안 됩니다. 어느 날 힘들어서 고용센터에 이야기를 했어요. 저희 직원들은 휴가가 3개월인데 대표자들은 없냐고 하니까, 저한테 대표자가 지금 아기를 낳으시냐고 그러셨어요. 그 사람들 생각에는 대표자라고 하면 다들 나이가 4~50대로 생각하는데, 30살 정도 되는 사람이 그렇게 이야기하니까. 그게 세대가 달라진 것 중 하나이기도 합니다. 그래서 조금 힘들어도 어느 직장에 들어가시든지, 청년 창업을 하시든지 간에 우직하게 나아가시는 삶을 선택했으면 좋겠습니다. 네, 여기까지가 저를 이어온 connecting의 삶이었습니다.

생각의
탄생

박 문 호

한국전자통신연구원 교수

한국전자통신연구원 교수. 천문학과 물리학, 뇌 과학 분야의 전문가로 통한다. '박문호의 자연과학세상'을 설립하여 일반 대중에게 자연과학을 알리는 활동에 주력하고 있다.

반갑습니다. 생각 그리고 공부, 그런 이야기를 할 것입니다.

여러분, 그런 이야기 들었죠. 빙하는 이산화탄소 농도를 측정해서 그때 당시의 기후를 복원한다는 이야기를. 결국 무엇이냐면 6500만 년 전 지구의 바닷물 온도를 측정했다는 겁니다. 이게 무슨 말이죠? 6500만 년 전의 바다를 어떻게 측정하죠? 그럼 어제 온도는 어떻게 알아요? 온도가 바뀌었을 텐데. 심지어 어제 온도도 잘 모르겠는데 1년 전의 온도를 어떻게 알아? 알 수 있어요. 기본 상식으로 알아두시면 됩니다.

남극 그린란드 빙하를 추출해, 이산화탄소를 측정하면 대략 4만 년 전까지 온도를 알아낼 수 있어요. 근데 남극에 있는 빙하는 백만 년까지 갈 수 있어요. 그리고 지금 신생대에 6000만 년의 단위의 온도를 어떻게 알아? 만약 1000만 년 전의 온도를 쟀는데 온도가 일 년 내내 10도밖에 안 되더라. 그게 무슨 말이죠? 아하, 여기는 바다였네. 이렇게 되는 거예요. 수온 온도가 바뀌잖아요. 100만 년까지는 온도를 측정할 수 있어요. 온도를 측정한다는 것이 핵심이에요.

여름과 가을 차이입니다. 온도 몇 도 차이를 가지고 점점 추워지고 추워서 못 살고, 단지 5~6도 차이를 가지고 못 살잖아요. 근데 온도를 얼마까지 알 수 있냐 하면 6000만 년 전 단위까지 알 수 있다는 겁니다. 100만 년까지는 빙하로 아는데 100만 년보다 더 올라가면 1000만 년 단위는 뭘로 알 수 있겠어요. 바로 이겁니다. 산소 18번의 동위원소. 산소는 기본적으로 양성자 8개, 중성자 8개 해서 대체적으로 16번이 많아요. 질량소 16번이 대부분인데 여기는 중성자가 2개 더 많은 산소에요. 이 산소는 어디 있겠어요.

어제 온도를 알기 위해서 공기 중의 산소를 채집할 수 있나요? 한 시간 전에 있던 공기도 이동했겠죠. 그렇지만 알 수 있어요. 어떻게? 공기 속의 산소가 결국 생물체의 껍질로 들어가는 겁니다. 해양성 플랑크톤, 이런 것들에. 조개껍질도 원소로 보면 탄산칼슘이 있거든요. 탄산칼슘이 석회암입니다. 석회암 속에 있는 산소 동위원소 18번의 비율을 따질 수 있거든요. 어떻게 따지냐면 조개가 돌로 되면. 그럼 그 석회암이 언제 되었냐면 조개가 발견된 연도를 알고 거기에 나온 조개껍질의 산소 동위원소를 보면, 1000만 년 전에 탄소 동위원소랑 온도의 관계가 나옵니다. 그러면 1000만 년 전의 온도를 복원할 수 있습니다.

저도 한 5년 전에 논문을 보고 충격을 받았어요. 지질학이 암석만 깨고 그런 것으로 알았는데, 그게 아니고 질량분석을 해서 아주 정밀한 과학이라는 것을 알게 됩니다. 6000만 년의 온도가 어떻게 변했냐면 심지어 온도가 10도 정도 왔다 갔다 하는 거예요.

또 북극해 빙하를 보면 남극 빙하가 언제부터 시작되었는지 알 수 있다는 겁니다. 남극 빙하가 언제부터 되었냐면 대략 3500만 년 전부터 시작되었다는 것을 알게 됩니다. 그런데 남극 빙하가 어떻게 되냐 하면 초기에는 듬성듬성 있다가 나중에는 대륙 빙하가 되는 겁니다.

마이오세. 영남 지역이 마이오세 때문에 일부가 바다 밑이었어요. 그래서 포항에서 석유가 나는 것입니다. 여러분, 마이오세 하나만 알아도 많은 것을 알 수 있는 거예요. 국내 마이오세 학자 학술 모임이 있어요. 그리고 포항, 경주 이쪽에 지진이 많고 그리고 포항 이쪽에 암석이 굉장히 물러요. 단단하지가 않아요. 신생대 제4기라고 해서 신생대 제4기는 아직도 흙이 돌이 될 시간이 안 된 거예요. 그럼 여러분 경주 가서 바위를 만져보고 경기도 가서 바위를 만져보면 느낌이 또 달라요. 그래서 결국 무슨 이야기냐 하면 산소 동위원소 18번을 측정해보면 남극 빙하가 언제부터 시작되었는지 알 수 있는 것입니다.

그다음 동시에, 지구상의 동물의 진화를 측정해보면 그것도 나와요. 고생대, 캄브리아기부터 신생대까지 5억 년 걸렸어요.

이 5억 년 동안의 온도 변화가 지구의 온도입니다. 5억 년 동안 지구 온도를 안다는 겁니다. 세상에, 그럼 어떻게 되었냐고 하면, 고생대 5억 년 전에는 온도가 14도에서 -4도로 이렇게 바뀔 수 있다는 거예요. 언제 바뀌었냐고 하면 석탄기 때. 고생대 석탄기 때는 3억 년 전인데 갑자기 이렇게 온도가 떨어지는 거예요.

제가 사실은 2주 전에 그 현장에 갔어요. 호주에, 서쪽으로 쭉 들어가면 거의 사람이 없어요. 한반도 면적의 4배쯤 되는데, 거의 사람이 없어요. 100만 명이 거기서 살아요. 거기서 야영을 하면서 열흘 있다가 왔는데, 빙하 지대의 흔적이 나와요. 아열대 가운데 빙하가 바위를 깎아 스크래치를 내었는데 그게 3억 년 전의 바로 그 빙하였다는 거예요. 3억 년 전에 석탄기 때는 식물들이 굉장히 컸어요. 지구상의 석탄이 그때 만들어진 거예요. 그때 나무가 매몰돼서 석탄이 된 거예요. 자, 그러면 왜 석탄기 때 온도가 떨어졌냐면 지금 지구온난화를 이해하는 핵심입니다.

자, 석탄기 때는 나무가 굉장히 큰데 온도가 높기 때문에 비바람이 굉장히 심했어요. 근데 석탄기 때, 나무라고 하면 안 됩니다. 나무라고 하면 틀려요. 나무는 중생대 이후부터 출현합니다. 그때는 양치식물이었어요. 고사리 같은 식물이었어요. 고사리들은 뿌리가 약해요. 그래서 바람이 불면 곧 넘어져 버려요. 30년 전의 나무가 넘어져 버리면서 갑자기 토사가 피는 겁니다. 호숫가에서. 그럼 어떻게 되겠어요. 나무가 부패되기 전에 압력을 받고 석탄이 되어 버린 겁니다. 그 나무 덩어리가 무엇이냐면, 전부 이산화탄소입니다.

이게 무슨 말인가. 우리 동물은, 단백질 같은 무언가를 먹어서 컸습니다. 식물은 어떻게 컸을까요. 식물은 씨를 뿌렸는데 버드나무가 된 거야, 뭘 먹고 컸을까요? 이걸 인류가 알게 된 지 300년밖에 안 되었어요. 17세기에 아주 호기심 많은 의사가 이걸 실험을 했어요. 버드나무가 자라고 있는데, 화분에 있는 버드나무를 가지고 무게를 쟀어요. 그리고 5년 동안 물만 준 거예요. 5년 후에 다시 화분의 무게를 달았어요. 그랬더니 10킬로그램이 더 불었어요. 이해할 수 있죠? 물밖에 안 줬는데 어떻게 저렇게 잘 클까? 이런 게 진짜 과학적 질문입니다. 이게 생물학 교과서에 나와요. 유일하게 물밖에 안 줬는데, 햇빛에 노출된 것밖에 없잖아.

결론, 이제 알게 되기 시작한 겁니다. 그래서 광합성을 알게 되기 시작한 것입니다. 그래서 광합성을 해서 포도당을 만드는 거예요. 물, 이산화탄소만 있으면 다 살아갈 수 있습니다. 산소 없이도 살아갈 수 있나? 산소 없이도 생명체는 살아갈 수 있습니까? 산소 없이도 사는 생명체가 있어요. 여러분, 방귀 뀌잖아. 창자 속에 있는 박테리아들은 산소가 안 들어가요. 산소는 폐로 들어가잖아. 창자 속에 엄청나게 많은 그 박테리아는 산소 없이도 살아갈 수 있어요. 자, 다시 한 번 꼭 기억하세요. 모든 생명체는 물하고 이산화탄소만 있으면 살 수 있다.

그 후에, 산소를 이용한 박테리아가 출현하는 거예요. 자, 그러면 모든 동물, 식물의 몸은 이산화탄소로 되어있다. 자, 식물이 매몰돼서 이산화탄소로 바뀌어서 암석이 되잖아요. 그럼 식물 몸을 구성하는 이산화탄소가 원래 공기 중에 있었잖아요. 공기 중에 있던 게 고체로 바뀌어서 암석이 되었잖아요. 그만큼 이산화탄소가 대기 중에서 사라져야 하잖아요. 그럼 어떻게 해. 줄어들잖아요. 그럼 온실효과는 어떻게 돼. 온실효과가 줄지. 그럼 온도는 떨어지지요.

바로 3억 년 전의 그 현장에 갔어요. 그거 하나 보려고 17명이 돈 1억 쓰고 갔다 왔어요. 호주에 가면 더워서 못 있어요. 지금도 35도씩 돼요. 빙하 본 적 있죠? 빙하를 끌어내면 자갈밭이 형성돼요. 아무도 없어. 온종일 돌아다녔는데, 아무도 없어. 그런 곳에서 야영을 하고 나면 자연이 뭔지 알아. 자, 얼마나 지구온난화가 되었냐 하면, 그 석탄이 된 공기 중에 이산화탄소가 다시 대기로 못 올라가잖아요. 그러니 다시 공기 중으로 가는 사건이 벌어집니다. 언제부터? 바로 300년 전부터 인간이라는 희한한 종이 출현해서 잠자던 이산화탄소를 다시 대기 중으로 돌려보내기 시작합니다. 화석 연료를 때기 시작하면서부터 대기 중으로 올라갑니다.

잘 들으세요. 지금 기후 변화는 전적으로 인간이 만든 것입니다. 또, 과학에 조금 관심 있는 사람이 이렇게 이야기를 해. 온난화는 자연적으로 일어난 현상이다. 저를 만나서 그런 이야기를 하면 웃기지 말라고 그래요. 그 사람은 고생대, 신생대 이야기를 하나도 모르는 사람이에요. 일본의 유명한 지질학자가 쓴 『45년의 고독』이라는 책이 있어요. 그 책의 결론이 딱 한 문장으로 되어 있습니다. "지구 45억 년의 역사는 이산화탄소와 대기가 대양과 대륙을 순환한 역사이다." 그 한 문장만 알면 됩니다. 다시 말하면 이산화탄소가 공기 중에 있다가, 대양, 바닷속에 있다가, 땅이 되었다가, 이걸 순환한 '역사'라는 거죠. 대기 중에 이산화탄소로 호흡을 해서 동물, 식물이라는 생명체가 탄생한 것입니다. 그 단계에서는 산소하고는 관계가 없습니다.

여러분 주위에, 친척 중에, 한 명 정도 있을 수도 있어요. 알츠하이머. 알츠하이머가 분자운동으로 어떻게 되는지 빨리 설명해 드릴게요. 치매의 70프로가 '알츠하이머' 치매입니다. 앞으로 2050년 정도가 되면 1억 명 이상이 알츠하이머에 걸립니다. 옛날보다 많이 늘어난 것이 아니고 우리가 오래 살아서 그렇습니다. 85세쯤 되면 두 명 중에 한 명은 알츠하이머에 들어갑니다. 근데 더 놀라운 것은 알츠하이머는 약이 없어요. 400개의 연구를 해왔는데 최근에 다 실패했어요. 결국 치료할 약이 없어요. 지금 지구에 그 약이 없어요. 그러면 유일하게 예방만 할 수 있어요.

예방하기 위해서는 언제부터 치매가 시작되는지, 그것부터 알아야 해요.

여러분 그거 들었죠. 암이 계속 생기고 있는데, 우리 면역 시스템이 억누르고 있는 거예요. 그래서 나이가 들면 그게 발전되어서 40대 이후에 일어나는 거예요. 왜. 40대 이후에는 암을 치료하는 설계도가 없어요. 왜? 40살쯤 되면 애를 낳는 사람 봤어요? 그래서 암이 40세에 발현되는 이유도 암 치료를 하는 단백질, 이게 그 속에 다 있어요.

자, 알츠하이머도 400개의 프로젝트가 다 실패를 했어요. 유일하게 할 수 있는 건 예방입니다. 그럼 언제부터 알츠하이머가 시작하는가? 알츠하이머가 발병하는 시기는 일반적으로 65세 이후에, 알츠하이머가 걸리기 시작해요. 65세 이전에도 치매 걸릴 수 있어요. 유전적인 것입니다. 그건 10%도 안 됩니다. 평균. 대부분 50년 후에 발현되기 시작한 이 치매는 불행히도 20년 전부터 시작되고 있다는 것이 과학적으로 밝혀졌습니다. 결국, 45살부터 치매가 시작됩니다. 그럼 준비는 언제 해야 하겠습니까? 준비는 30대부터 하셔야 해요.

알츠하이머 디지즈, 이것은 무엇이냐 하면 APP라는 단백질이 문제가 생기는 거예요. 이 단백질이 쪼개질 때 문제가 되어서 미토콘드리아로 들어가서 미토콘드리아가 APP 생산을 줄이고 병을 만드는 거예요. 그다음 어떻게 되냐면 이 쪼개진 이 조각들이 온갖 작용을 일으키는 거예요. 칼슘이 중요해요. 알츠하이머 강의를 했는데 우리 회원들에게 요구하는 것은 하나밖에 없습니다. 이것 하나만 기억하라. 생각은 칼슘이다. 생각이 칼슘이고 또한 죽음이 칼슘이다. 뭐가 다른 거야. 조절을 한 게 생각이고 조절을 못 한 게 죽음이라는 말입니다. 즉, 생각하고 죽음이 같은 현상일 수 있다는 겁니다.

핵심은 칼슘입니다. 어쨌든 이 알츠하이머를 일으키는 단백질에 의해서 형성된 이 칼슘이 온갖 작용을 해서 미토콘드리아 속으로 들어가고 소포체로 들어가요. 이 칼슘을 조절 못 하면 세포 속에 있는 소포체로 들어가서, 이 세포 속에 있는 엉성한 막이 스트레스를 받아요. 세포 속에 엉성한 그 주머니가 스트레스를 못 견뎌요. 그럼 그 막이 사라지는 것입니다. 결국에는 칼슘이 들어와서, 마지막에 보면 셀 데스입니다. 그 세포가 뭐냐. 신경세포입니다. 신경세포가 왕창 죽어나가면 그걸 치매라고 해요. 죽는다는 것입니다. 신경세포를 죽이는 것도 칼슘이 하는 것입니다.

시베리안 트랩을 아십니까? 시베리안 트랩이 뭐냐면, 서유럽을 덮을 만큼의 면적에 화산이 범람하면 이산화탄소가 대기 중으로 들어가요. 이산화탄소가 올라가면 급격히 온도가 변해가죠. 엄청나게 온도가 올라가요. 언제? 고생대가 끝날 때쯤에. 바로 이 사건이 끝나고 나서 고생대에서 중생대로 흘러가요. 시베리안 트랩. 2억 5천만 년 전에 이 사건으로 고생대가 끝나요. 마그마가 올라와서 분출되지 않고 그게 지구를 덮는다는 거죠. 범람. 그걸 현무암 홍수라고 해요. 현무암 범람이 우리나라에도 있었어요. 그래서 만든 것이 개마고원입니다. 거기 산 아니잖아요, 고원입니다.

수백 년 전에 온도가 10도 올라간 것입니다. 2억 5천만 년 전에도 동물이 있었어요. 우리 포유동물의 선조가 있었습니다. 그때는 엄밀히 말하면 파충류인데 포유류, 파충류의 길이가 2미터 정도 되었어요. 근데 온도가 올라가니까 대량 멸종을 하는 것입니다. 이산화탄소가 올라가니까, 온실가스가 높아지니까 시베리아 봉토에 메탄 하이드레이트라는 얼음 결정이 있어요. 이게 녹으면서 메탄이 대규모로 대기 중에 올라갔어요. 메탄가스는 대기 중에 있는 산소와 결합하면 불이 타요. 그래서 대기 중의 메탄가스와 산소가 결합해서 불타고 나니까 대기 중에 산소가 줄었어요. 놀랍게도 그 10%가 줄었다는 것입니다. 지금 대기 중 산소가 21%. 그 중 10%가 줄면 어떻게 될까? 대기 중에 산소가 10% 빠졌을 때 생명체는 어떤 고통을 겪는가? 체험할 수 있을까요?

고산병이라고 그래요. 마추픽추. 그 산꼭대기에 올라가다가 고산병 걸려서 죽다가 살았어요. 그런 걸 한번 경험해봐야 해요. 그럼 지구 역사가 딱 눈에 들어와요. 어떻게 되냐면 몸살이 났는데 그걸 몰랐습니다. 버스를 타고 마추픽추에 계속 올라가는데 3

시간 정도 가다가 버스 정류장에 내렸는데 잠깐 쉰다고 화장실 가려고 내렸더니, 이상해. 전혀 경험하지 못한 몸 상태야. 피곤한 것도 아닌데 못 살겠는 거야. 이게 뭔지 몰랐어. 그래서 다 올라가서 시카고 호수 들어봤죠? 그 부근의 모텔에서 하루 잔 거예요. 잤는데 그날 밤 10시부터 새벽 동이 틀 때까지 몸살이 났는데, 세상에 몸이 이렇게 아픈 걸 경험해보지 못한 거야. 나중에 그게 고산병인 줄 알게 되었어요. 어느 정도 되냐면 2층에 식당이 있는데, 1층에서 자고 올라갈 때 다리에 힘이 없어서 난관을 붙잡고 올라갔어요. 산소와 관련 있는 것은 고산병이에요. 높은 지대에 가면 산소가 떨어져요.

그러면 바로 2억 5000만 년 전에 이 사건이 벌어졌을 때, 어떤 사건이냐면 산소가 10%로 떨어졌어요. 산 높이로 봐서 어느 정도냐 하면 해발 4500m 높이야. 그곳에서 우리 생명체가 동굴에서 있었다는 거예요. 그럼 그 상황에서도 우리는 생존해야 해요. 산소로 호흡을 많이 해야 하잖아요. 중생대 넘어가면 공룡의 시대입니다. 그럼 공룡은 어떻게? 산소가 10% 딱 반으로 잘린 데다가 1억 년 동안 지속되었어요. 1억 년 동안 모든 생명체가 해발 4000m 높이에서 살고 있다고 생각을 하면 됩니다. 저산소를 많이 먹은 종이 살아남는다. 그 종이 뭐냐. 바로 공룡입니다. 공룡은 바로 저산소를 견뎠습니다. 그래서 공룡은 계속 무엇을 했냐면 기반을 세우는 거지. 공룡의 후예는 조류입니다. 가끔 다큐를 보면 히말라야산맥을 넘어가는 철새들을 볼 수가 있어요. 철새도 높이 올라가서 넘어가요. 그런데 우리 인간은 에베레스트산을 올라가면 산소통을 매야 합니다. 그 차이를 알겠어요? 인간과 공룡은 저산소에 적응하는 방법이 달랐던 겁니다. 왜 그런가?

2억 5000만 년 전에 이 사건이 벌어진 거예요. 온도가 올라가고 산소 농도가 떨어지고. 그래서 1억 년 동안 공룡 치하에 꼼짝도 못 했어요. 그래서 낮에는 활동을 못 했어요. 밤에만 다녔어요. 크기는 쥐만 했어요. 우리 선조들은 1억 년 전에 공룡 때문에 밤에만 일을 했어요. 이런 내용들 다 암기해야 해요. 그때 당시에 공룡도 출발은 포유류에서부터 출발을 했어요. 그때 공룡은 1억 년 동안 크기가 30미터까지 커진 겁니다. 자, 근데 공룡 브레인은 70그램밖에 안 돼요. 2억 년 동안 공룡은 머리가 별로 안 컸어요. 근데 우리 인간은 몸은 그대로인데 머리가 커졌어요. 공룡이 두려워서 낮에는 활동을 못 해요. 밟혀 죽으니까. 우리는 어떤 능력이 가장 발달하였는지 아세요? 후각입니다. 우리의 초기를 알려면 쥐를 관찰하면 됩니다. 쥐가 우리와 밀접해요. 낮에 활동하는 쥐를 본 적이 있나요? 낮에는 활동을 안 해요. 밤에만 활동을 해요. 그래서 쥐의 감각은 청각이랑 후각입니다. 포유류 중에서 영장류 쪽으로 오면서 시각이 발달한 거예요. 그건 3000만 년 밖에 안 되었어요.

포유동물 중에서 가장 중요한 게 왜 청각입니까? 밤에 시각이 중요했겠어요? 필요 없지. 밤에 필요한 감각은 청각이에요. 왜냐하면, 먹이를 찾아서 간 겁니다. 먹이가 안 보이잖아. 쥐가 풀을 먹는 걸 봤어요? 쥐는 풀 안 먹어요. '라이언킹'을 본 적 있죠. 거기에 멧돼지와 미어캣이 나오죠. 걔들이 뭘 좋아해요. 풀벌레. 벌레에요. 풀벌레 소리가 주파수가 높죠. 다른 종들은 못 들어요. 그런데 우리 인간은 벌레의 주파수를 듣기 위해 1억 년 동안 이를 갈았어요. 과거에는 턱으로 들었어요. 그래서 파충류들은 아래 뼈가 세 조각으로 되었어요. 인간도 세 조각이었는데 지금은 인간은 한 조각밖에 없어요. 왜? 우리 선조들이 나머지 두 개로 1억 년 동안 이빨을 간 것입니다. 왜? 곤충을 잡아먹기 위해서. 그래서 곤충을 먹었던 흔적이 아직 있어요. 제가 아는 심리학자가 있는데 그분은 이런 이야기를 합니다. 여러분, 감자칩이 눅눅해지면 먹나요? 인간은 기본적으로 음식이 바삭한 걸 좋아해요. 탕수육도 바삭바삭해야 해요. 왜 그렇게 바삭바삭한 것을 좋아할까요? 바로 메뚜기를 1억 년 동안 먹었던 흔적이라고 생각해요. 시베리안 트랩. 어떤 공부가 재미있으려면 이전의 기억이 있어야지 재미있게 들을 수 있습니다.

자, 마무리할게요. 2억 5000만 년 전의 현무암 범람에 시베리안 트랩을 치면 논문이 수도 없이 많아요. 그 사건으로 파충류하고 포유동물의 진화 방식이 달라요. 우리는 횡격막을 만들었잖아요. 그게 뭐냐면 잘 봐요. 인간은 횡격막이 있는 곳에 갈비뼈가 왜 없어졌지? 초기 포유류들은 다 갈비뼈가 있어요. 이게 인간은 없어진 겁니다. 횡격막이 들어서면서 갈비뼈가 사라진 것이에요. 그래서 부드러운 배도 생기고. 호모 사피엔스의 여자들의 골격이 횡격막이 생기면서 바뀌었어요. 횡격막 주변이 새끼를 키울 수 있도록 환경을 만든 거예요. 그래서 엄마가 배 속에서 애를 키우는 겁니다. 많이 못 낳으니까 애를 낳으면 애지중지 키워야 해요. 포유류 중에 중요한 성질은 엄마와 얼굴을 마주 보고 감정을 교류할 수 있다는 겁니다. 이렇게 감정을 교류하는 동물은 포유류밖에 없어요. 새가 새끼를 알아볼 것 같아요? 잘 몰라요. 근데 포유류 동물은 새끼하고 어미가 서로 얼굴을 알아봐요. 그리고 감정을 교류해요. 이렇게 교류하면서 가장 중요한 게 표정입니다. 그리고 그 좁은 면적에 색깔 차이가 대조적인 것은 없어요.

우리 옷을 다 벗어 봐요. 색깔 차이가 뭐가 있어요. 누르팅팅한 피부, 털 검은색, 그리고 하얀 흰자위에 붉은 입술. 이렇게 손바닥만 한 크기에 대조적인 색들이 많은 그런 동물은 없어요. 왜 그럴까요? 우리는 얼굴을 통해서 감정을 전달한 것입니다. 그래서 여러분은 하루 종일 타인의 얼굴 표정을 통해서 살고 있는 겁니다. 집에서 생각을 해보세요. 브레인을 연구해보면, 인간은 타인의 얼굴 표정을 보다가 눈빛을 마주하면 평생 커플이 됩니다. 그래서 이 이야기가 어떻게 나왔냐 하면 시베리안 트랩, 이 사건을 반드시 기억하세요. 그래서 결국 운석이 떨어져 신생대에 와서 포유류의 종류가 다양하게 변화한 겁니다. 포유류가 얼마나 다양한지 볼까요? 박쥐를 한번 생각을 해보세요. 양서류는 비슷합니다. 청개구리나, 황소개구리나 모양이 비슷합니다. 박쥐하고 고래를 비교해보세요. 왜 포유류가 다양한 형태를 갖게 되었냐, 브레인이 늘어나고 커졌기 때문에 우리는 고급 운동들이 늘어나고 이렇게 되는 거예요. 왜 지질학을 공부해야하는가의 예입니다. 여러분들은 전공을 기본으로 하고 반드시 다른 걸 함께 연결해야 해요.

여러분은 평생 공부를 해야 해요. 그래서 하는 게 다 암기에요. 무엇을 암기해야 하는지 제시를 하는 겁니다. 아무거나 암기를 하면 안 돼요. 주기율표 30개를 다 암기해요. 아미노산 20개 다 암기를 해야 해요. 20개 다 암기를 한 사람들은 알츠하이머 그거 다 아는 거예요. 실제로 여러분 생물학 1년 배우는 것보다 아미노산 20개 다 암기 하는 게 더 효율적입니다. 생물학 1년 동안 배우지 말고 일주일 동안 아미노산 분자식을 다 그려라. 그러면 다 알게 됩니다. 우리가 암기를 버리고 나서 제대로 아는 게 없어요. 어른도 마찬가지입니다. 내가 질문하면 다 모른다. 기억하지 않으면 어떤 인간이 되는지 보여드릴게요. 여러분, 문상을 가보면 먼 친척인데도 눈물이 나는 경우가 있어요. 심지어 자기 아버지가 돌아가셨는데도 눈물이 안 나는 경우가 있어요. 왜 그럴까요. 간단해요. 공유된 기억이 없으면 감정이 안 생겨요. 한 개라도 기억이 없으면 느낌이 안 생겨요. 강아지가 죽으면 우는 사람들이 많아요. 왜? 공유된 기억이 많기 때문에 눈물이 나는 겁니다. 공부도 마찬가지입니다. 기억 하나로 대한민국이 움직일 수 있어요. 암기로부터 세상이 움직이는 것입니다.

자, 그럼 공부를 어떻게 해야 하느냐. 공부를 해봤더니 간단해요. 입자물리학, 양자물리학이 어렵다는 것은 거짓말입니다. 그게 가장 쉬운 학문입니다. 우리 회원들하고 수학은 몰라도 양자물리학, 입자물리학은 다 해요. 근데 못 하는 게 뭐냐 하면, 우리 회원들은 암석학을 못해요. 나도 7년 정도 해봤는데 이제 뭔가 알겠어요. 왜냐하면 암석학은 현장에서 경험이 있어야 해요. 경험 없이 할 수 없어요. 물론 교과서로 하면 3년 정도면 다 할 수 있어요. 실제로 암석이 만들어진 과정을 봐야 해요. 산이 만들어진 과정을 봐야 해요.

본 적이 있나요? 못 봤죠. 우리는 볼 수가 없어요. 그래서 암석학은 진짜 어려워요. 암석학, 지질학을 하려면 그 현장에 가야 해요. 그래서 이번에 일곱 번째, 서호주를 갔는데, 차를 타고 가는데 5억 년을 걷는 기분이었습니다. 암석학을 알고 나면 세상을 보는 것이 많이 달라져요. 제가 생각했을 때, 수학과 물리학은 어려운 학문이 아니에요. 의외로 쉬워요. 중력 방정식 이런 거다 풀 수 있어요. 그래서 공부하는 방법이 뭐냐 하면 이해하려고 하지 마세요. 공부는 이해를 하는 게 아니에요. 이해는 나중에 하세요. 어느 순간에 통째로 다 알게 됩니다.

기억에 대해서 다시 생각을 해봐야 합니다. 기억이 없으면 울수도 웃을 수도 없어요. 다른 것은 다 스마트폰에 맡기면 되는데 기억은 자기가 해야 합니다. 기억의 본질입니다. 인간이 가장 잘할 수 있는 것은 기억을 하는 것입니다. 얼마나 기억을 많이 할수 있냐 하면 판소리 8시간 다 암송할 수 있어요. 가장 빠른 길입니다. 그다음 여러분, 이렇게 하면 창의성이 반대가 된다고 하잖아요. 아닙니다.

그래서 저는 창의성 강의를 여러 곳에서 해요. 창의성은 새로운 것을 하는 거예요. 새롭다는 것은 무엇인가요. 새롭다는 것은 어떻게 알게 되었어요? 어떤 디자인이 새롭다는 것은 이전 디자인과 비교해서입니다. 우리 뇌세포가 할 수 있는 것은 비교밖에 할 수 없어요. 그래서 반드시 옛날 것을 알아야 합니다. 옛날 것을 기억하지 않는 사람들은 비교할 수가 없어요. 그래서 기억은 창의성의 본질입니다. 그래서 우리 사이트(박자세)에 들어가면 오른쪽에 수업 후기가 있는데 여기 가보면 입자물리학부터 우주의 진화 등 엄청난 것들이 많아요.

마무리할게요. 여러분이 꼭 기억해주었으면 하는 것은 기억을 다시 보자는 이야기입니다. 기억하면 공부는 아주 간단해지는데 기억하지 않으면 평생 고생해요. 그래서 박자세의 모토가 뭐냐 하면 다 기억을 하는 것입니다.

10시간 고생할래, 10년 헷갈릴래.

이게 박자세의 모토입니다. 자, 수고했습니다.

보이는 것과 보이지 않는 것

박 정 학

영남대학교 화학과 교수

영남대학교 화학과 교수. 미네소타 대학에서 박사 학위를 받았다. 대한화학회 화학올림피아드를 주관하고, 영남대학 부총장을 지내는 등 교내외의 다양한 활동을 왕성하게 이어가고 있다.

여러분 반갑습니다. 오늘 이 융합인문학 강의가 굉장히 인기가 있어서 많은 학생들이 듣는 것 같습니다. 이런 기회에 만나게 되어서 굉장히 반갑습니다. 저는 화학과에 있으니까 화학과에서만 강의를 하고 전에 자연대에 있을 때는 인문대에 예체능 학생들을 만난 적도 있는데 굉장히 오래 되었어요. 반갑습니다. 최재목 선생님께서 강의 부탁을 받았을 때 '보이지 않는 것과 보이는 것' 이라고 하더군요. 근데 제가 오늘 할 내용도 사실 우리 눈에 보이지는 않지만 존재하고 그리고 생활 속에 작동하고 있는 것이라서 이 주제가 맞다고 생각을 해서 이 주제를 선택했고, 또 사랑이라는 이 주제가 남녀노소 불문하고 누구나 다 생각하는 것이지 않습니까? 그래서 이것을 화학하는 사람들은 어떤 관점에서 보나. 이런 점에서 잠깐 이야기를 드리려고 합니다.

여러분께 이야기해드리려고 하는 것은 사랑. 우리가 하는 사랑이 가슴속에서 우러나는 사랑이 있습니다. 그런데 그 사랑의 뒤에서 작동하는 무엇이 있다는 것이죠. 여기서 말하는 사랑은 부모, 형제간의 사랑만이 아니라, 연인 간의 사랑과 같은 로맨틱한 사랑에 대한 이야기입니다. 여기에 어떤 과학이 있을까. 사랑이 작동하는 과학에 대해서 이야기를 해보겠습니다. 사람의 삶을 알파벳 3가지로 정리하면 B, C, D입니다. 꽤 알려진 이야기이죠. B는 태어남, D는 죽음입니다. 근데 우리는 태어나서 죽을 때까지 수많은 선택을 하고 살아갑니다. 대학교에 진학한 것도 선택 중 하나였고, 지금 누군가를 만나고 있다면 그것도 선택이고, 나중에 졸업을 하고 직장을 선택하고. 그 선택이 우리의 삶을 다양하게 변화시킵니다. 이런 선택을 할 때, 우리가 가지고 있는 성격에 영향이 미칩니다. 나는 약간 외향적이니까 이런 사람이 좋다, 이런 직업을 갖고 싶다든지 그렇습니다. 근데 내가 사귀는 여자 친구, 남자 친구 또는 배우자를 선택하는 것조차도 이 성격이 영향을 미친다는 거예요. 여러분, 현재 사귀고 있는 사람이 있는지는 모르겠는데 앞으로도 사귈 수도 있겠지요? 자, 그럼 배우자나 연인을 선택할 때, 온갖 것들을 생각하죠.

젊고 건장한 남자와 여자 이 두 사람이 사랑에 빠질 수 있습니다. 그러나 만약에 남자 나이가 아주 많고 여자가 어리다면 사랑에 빠질까요? 어렵습니다. 나이가 맞아야겠죠. 그다음에 만났는데 먼 친척이다. 아니면 이 여성이 성전환한 사람이라면 쉽게 사랑에 빠질 수 있겠습니까? 어렵겠지요. 이런 것에서 벗어나려면 일단 사랑을 해봐야 해요. 이런 것들에 의해서 당연히 벗어나고 그럼에도 우리의 배우자를 선택할 때 수많은 조건을 고려하게 됩니다. 실제로 동서양을 막론하고 사회적 배경이 비슷한 사람끼리 많이 만나요. 그리고 지적 수준이 비슷해야 해요. 소위 말해서 얘기가 통해야 하니까. 외모도 좋아야 합니다. 잘생기고 못생기고가 아니라, 자기가 좋아하는 외모가 있을 거예요. 그다음 교육 수준도 비슷해야 합니다. 가치관이 비슷할 때 훨씬 더 조화로운 대화를 나눌 수 있죠. 종교가 같으면 더 잘 맞습니다. 거기에다가 모든 조건이 맞더라도 어느 타이밍에 어느 사람을 만나게 됩니다. 타이밍이 중요합니다. 조건을 맞추고 타이밍도 맞는 수많은 남녀가 있습니다. 지금 만나고 있는, 혹은 만날 특정한 사람하고 사랑에 빠지게 된다는 것이죠. 그런 관점에서 열심히 살피고 살아야겠습니다.

영국 왕세자 아시죠? 메건 마클과 사랑에 빠져 결혼했습니다. 왕세자 정도 되면 많은 여성이 있을 텐데, 이 여성과 사랑에 빠져서 지금 세 번째 왕자까지 태어났잖아요. 하필 왜 이 두 사람이 사랑에 빠지게 되었을까요? 이걸 열심히 살펴보던 연구 학자가 있었는데 그 사람이 바로 헬렌 피셔라고, 미국의 대학에서 문화인류학을 하는 분입니다. 이 분은 과학에 바탕을 둔 인문학을 하시는 분이에요. 그 사람의 이야기를 일부 소개 해드릴게요.

우리가 말하는 성격, 인격이 두 가지로 이루어져 있습니다. 태어나서 어떤 양육을 받고 자랐느냐에 따라서 만들어진 성격과 타고난 성격, 기질이 합쳐져서 전체 성격이 이루어진다고 합니다. 기질이라고 불리는 것은 우리가 선택을 할 수가 없어요. 우리 성격은 타고난 것이니까 바꿀 수 없습니다. 엄마 배 속에 있을 때, 뭘 받았느냐에 따라서. 특히 어떤 뇌 화학물질을 엄마 배 속에 있을 때 많이 받느냐, 혹시 엄마 배 속에 있을 때, 덜 받았더라도 여러분이 사춘기를 거치면서 어떤 뇌 화학물질에 영향을 많이 받느냐에 따라서 전체 인격이 결정이 된다는 사실을 알게 되었다는 것이죠. 바로 그게 4가지의 기질을 받았다는 것입니다.

탐험가의 개척적인 기질, 그다음에 관계 중심과 후견인 기질, 그다음에 지도자형 기질, 그다음 협상 기질이 있습니다. 이런 기질을 갖고 있는 사람들을 보면 이런 화학물질이 부모로부터 태어날 때, 부모님 배 속에서 자랄 때, 사춘기를 거칠 때 많이 받았으면 이런 기질이 되더라는 것을 대략 이 사람이 책을 쓸 때, 초기 4만 명을 대상으로 조사를 하고, 설문지를 돌리고, 그 사람의 성격유형을 파악해보니까 그렇다는 겁니다. 그래서 이런 화학물질들이 우리 뇌 속에서 또는 성호르몬이 분비되는 속에서 나오게 되는데 이걸 통해서 우리 성격 유형이, 즉 우리가 후천적으로 가져야 하는 유형들이 이렇게 만들어지는 거라는 것이죠. 앞에 양육 받는 것이 40%에서 60%, 그다음 타고난 기질에서 받는 것이 40%에서 60%이니까 대략 반반쯤 되겠지요. 거기에 의해서 우리의 성격과 인격이 결정된다는 것인데 이런 성격들이 우리도 어느 누구라도 하나쯤은 갖고 있는 것이죠. 물론 하나만 갖는다는 것이 아니고 하나는 주 기질 요인, 2차적 기질 요인 이렇게 섞어서 가지고 있다는 것이겠죠.

우선 화학물질 이야기가 나왔으니까, 여러분께 암기를 강요하는 것이 아니고, 어떻게 구성되어 있는지 알려드리고 싶어서 화학 공식을 보여드려요. 여기 도파민이 생겼습니다. 화학자들은 이걸 가지고 분리도 하고 실험실에서 만들 수도 있습니다. 도파민은 우리 몸에서 정신적으로, 신체적으로 우선 근육의 움직임과 관련이 있고, 우리의 기억과 감정을 조절할 때 이 물질이 작용합니다. 이게 없으면, 손발이 잘 안 움직이는 파킨슨병에 걸리게 됩니다. 그래서 이 도파민과 비슷하게 생긴 물질을 투입하면 파킨슨병이 상당히 완화됩니다. 이게 굉장히 중요한 것이죠. 이게 신경전달물질인데 이게 없으면 그런 게 제대로 안 되니까요. 얼마 전에, 무하마드 알리가 바로 이게 부족해서 파킨슨병에 걸려서 세상을 떠났잖아요. 이게 뭔가 사람을 안락하게 만들어요. 아주 쾌감을 느낄 때 보상 물질로서 이 신경전달물질이 작용을 합니다.

여러분, 흥분하거나 할 때 아드레날린이 나온다고 그러죠. 새로운 것 흥미진진한 것을 시작할 때 이 물질은 운동 균형 감각에 관여하고 또 정서의 섬세한 협동, 이런 조절 작용에도 관여를 합니다. 특히 아드레날린이 많이 분비되면 뭔가 큰 만족감을 느끼게 합니다.

　세로토닌이라는 물질이 있습니다. 이건 신체적인 체온, 혈압 조정에 관여를 하는 것인데 기분을 아주 좋게 하고 편안하게 만들어 줍니다. 그리고 통증을 인식하게 해주고, 세로토닌을 너무 많이 분비하게 되면 사람이 도리어 너무 처지고 우울증에도 걸리게 됩니다. 적절하게 분비되면 편안함을 느끼는데 참 묘하죠. 이것들이 적절하게 우리 몸속에서 작동을 해야지 신체가 항상성을 유지하고 균형을 이루게 되는 것입니다.

　또 남성호르몬인 테스토스테론이 있습니다. 남성호르몬이라고 불리지만 남녀 누구나 가지고 있습니다. 태중에 있을 때 이 호르몬을 더 많이 받으면 남자아이가 태어나고, 나중에 나오는 여성호르몬을 더 많이 받게 되면 여자아이가 태어나게 되고, 태어나서 우리는 둘 다 가지고 있죠. 그러나 우리는 사춘기 때 테스토스테론이 몸속에서 많이 분비되면서 남성으로서 제2차 성징이 나타나고 여성호르몬인 에스트로겐이 분비되면 이제 여성으로서 여성성이 나타나게 되는 거죠. 에스트로겐이라고 불리는 것은 사실 이 세 가지 물질을 통칭해서 부르는 말입니다. 세 가지 물질이 다 합쳐져서 여성호르몬.

　그다음 옥시토신이라는 물질은 꽤 크고 복잡하게 생겼습니다. 이것은 친밀감, 수용성과 관련이 있는 것입니다. 어머니로부터 많이 분비되면 아이에게 많이 전달이 됩니다. 그래서 엄마의 젖을 먹는 아이는 엄마와 친밀감이 형성되는 것이죠. 옥시토신이라고 불리는 이 물질입니다.

이런 특정 화학 물질이 방금 이야기한 것처럼 어머니의 배 속에서 자랄 때, 또는 사춘기를 거칠 때, 특정 물질이 활성을 띠고 우리 몸에 나타남으로써 지도자형, 탐험가형 등 이런 관계 형들이 만들어진다는 것입니다.

그럼 우선 도파민의 활성이 크고 풍부한 사람들이 탐험가형, 개척자형인데 이 사람들에 대해서 살펴볼까요? 당연히 이런 사람들은 이런 장점을 가지고 있습니다. 늘 새로운 것을 추구하고 위험을 감수하고 나서라도 새로운 걸 해 보고 싶어 하죠. 당연히 정열적이고 활동적이고 반면에 충동적이라고도 볼 수 있고, 누가 시키지 않아도 자발적이라고 볼 수도 있습니다. 이런 사람들은 누가 봐도 열정적으로 보이고 남녀를 불문하고 상대에게 매력이 넘치는 사람으로 보일 것입니다. 호기심이 많고 융통성도 있고 창조적이고 자유주의, 그리고 마음이 열려 있습니다. 이런 장점이 있는 반면에 단점이라면 성질이 마른 것일 수도 있고 불가측성일 수도 있고 무분별할 수도 있습니다. 이런 사람들에게 물었습니다. '당신은 어떤 단어를 좋아합니까? 선호하는 단어를 10가지 내외로 적어보시오' 했더니 이런 단어를 적었습니다. 모범, 투기, 자발성, 에너지, 새로운 것, 재미, 열정, 외출, 여행. 이런 것들을 선호한다고 합니다. 여러분도 여기 해당되는지 한번 생각해보면서 들어보기를 바랍니다.

버락 오바마가 전형적인 1차 탐험가형 기질이고, 협상가 기질도 2차로 가지고 있는 사람입니다. 굉장히 도전적인 사람이죠. 이 사람이 대통령이 되기 전에 시카고에서 상원위원밖에 안 했어요. 40대 중반 쯤에. 여러 가지 끝에 대통령이 되고 두 차례나 했잖아요. 굉장히 도전적이고 위험을 감수하는 그런 사람으로 새로운 것에 도전을 했죠. 흑인이면서도 백인 주류사회에서 대통령 선거에 도전을 하는 정신이 없으면 사실은 어려운 일이죠. 굉장히 정열적이고 그렇습니다.

그다음 세로토닌이 풍부한 사람은 보면 관계를 중시하는 관계증진가형이라고 할 수 있는데, 이 사람들은 이런 특징이 있습니다. 전통을 더 중시하고 관습을 잘 지켜야 한다고 생각을 하고, 신중하고 차분합니다. 그러면서 사교적이고 논리가 정연하고 양심적이고 권위를 존중하는 이런 성향을 가지고 있습니다. 단점이라면 생각을 쉽게 안 바꾸는 사람일 수가 있고 통제적인 성향을 보일 수도 있겠습니다. 이 사람들에게 선호하는 단어를 얘기해보라고 했더니 이런 단어들을 이야기했습니다. 전통, 관습에 가족이 제일 먼저 나오겠죠. 그다음에 정직함, 돌봄, 가치, 사랑을 이야기했습니다.

영국 총리를 지냈던 골든 브라운인가요? 이 사람은 전형적인 관계증진가형입니다. 2차 기질로 탐험가형 기질을 갖고 있는 사람인데, 총리가 되기 전에 커뮤니티를 만들고 여러 단체를 조직하고 굉장히 열성적으로 잘 하는 사람이었어요. 반면에 고집이 굉장히 세고 종교적인 것에 실력을 갖고 있는 사람이었습니다. 또 부시가 대통령할 때 국무 장관했던 사람도 전형적인 관계증진가형인데 대량살상 무기가 있다, 이래 가지고 이라크를 침략했잖아요. 나중에 그게 없다는 게 완전히 밝혀졌죠. 근데 그 당시에 물었어요. 왜 이라크에 대량살상 무기가 없다는데 당신은 대통령한테 조언을 해야 하는데 왜 다른 사람들의 말을 의심하지 않고 그냥 하나요? 했더니, 자기는 일단 대통령과 일하는 사람으로서 대통령의 권위에 복종을 해야 한다. 그렇게 하면서 이라크 작전에 성공을 했습니다. 굉장히 권위를 존중하는 그런 성격을 가지고 있습니다.

그다음 테스토스테론을 많이 가지고 있는 사람은 지도자형인데 이런 사람들은 이런 장점이 있죠. 분석적이고 논리적이고 아주 전략적인 사고를 하고 직설적입니다. 규칙 기반 체계에 굉장히 강해요. 그래서 이런 사람들을 보면 수학, 역학, 컴퓨터, 공학, 음악도 잘 합니다. 우리가 알고 있는 고전 클래식 작곡가는 대부분의 사람들이 이 유형에 속한다고 알려져 있습니다. 예를 들면 베토벤 있잖아요. 이 사람들이 체계에 밝잖아요. 경쟁적이고 감정에 잘 치우치지 않습니다. 감정에 휘둘리지 않아서 결국 목표를 향해 돌진하는 그런 성향이 있다는 것이죠. 독립적이고 그렇습니다. 그러나 표현력에 서툽니다. 공격적이고 공감을 잘 못 합니다.

이 사람들이 선호하는 단어는 지능, 지적, 야망, 정치, 도전, 객관성 이런 단어들을 좋아한다고 합니다. 대표적인 사람이 프랑스 전 대통령이네요. 이 사르코지가 전형적인 지도자형, 탐험가형인데 굉장히 무뚝뚝하고, 성격이 굉장히 급하고, 위험을 감수합니다. 예를 들면 그 당시에 프랑스 인질이 아프리카에서 잡혔어요. 그 인질하고 협상을 하려면 외무부 장관하고 협상을 한다든지 국방부 장관이 가든지 해야 하는데 자기가 직접 비행기를 타고 날아갔습니다. 아프리카로 가서 직접 인질을 만나고 인질을 데리고 왔습니다. 자기 자신을 위해서라도, 나라를 위해서라도 대통령은 그렇게 하면 안 되는데 그렇게 갔어요. 굉장히 위험을 감수하는 스타일입니다.

여성 중에서 가장 대표적인 지도자형이라면 힐러리 클린턴입니다. 굉장히 직설적이죠. 비록 대통령 도전에 실패했지만 굉장히 분석적이고 결단성이 있죠. 여러분, 잘 알겠지만 남편인 빌 클린턴이 바람을 피웠지 않습니까? 근데 겉으로는 용서하고 받아들이고 가정을 위해서라고 했는데, 나중에 기자들이 마이크를 대고 물었답니다. 정말 괜찮습니까? 집에서 닭 모가지 비틀 듯이 죽이고 싶다, 이렇게 이야기를 했대요. 굉장히 강하죠. 여성으로서는 전형적인 자도자입니다.

그다음 여성 호르몬인 에스트로겐이 많은 사람은 협상가형인데 이런 사람들은 큰 그림, 맥락을 볼 줄 압니다. 가정에서 아빠와 자식 사이에서 갈등이 없도록 그것을 중재하고 조화롭게 만드는 역할을 어머니가 하잖아요. 여성이 기질을 발휘하는 것이죠? 상상력이 풍부하고 직관적이고 감정이 풍부합니다. 이타적이고 남을 돌보려는 성질이 많고 감성이 풍부하고 상냥함도 여기서 나오고, 평등주의적이고 이상주의적입니다. 단점이라면 정에 약하다고 볼 수 있으니까, 우유부단하다고 볼 수 있습니다. 어찌 보면 산만할 수도 있다고 볼 수 있고 정에 끌려서 잘 속을 수도 있고, 감정이 넘친다, 이렇게 볼 수도 있습니다.

협상가들이 선호하는 단어는 이렇습니다. 열정, 본심, 도덕, 친절, 공감. 뭐 이런 단어들에 선호도를 보입니다. 뜻밖에도 빌 클린턴이 협상가형입니다. 지도자형인 힐러리하고 협상가형 빌 클린턴. 그래서 빌 클린턴이 당선될 때 사람들이 최초의 여성 대통령이 당선이 되었다고 할 정도로 굉장히 협상가적인 기질을 갖고 있습니다. 말을 정말 조곤조곤하게 잘 하죠. 종합적이고. 그다음 정서적인 표현이 뛰어나고. 당신의 고통을 나도 느낀다는 말을 언제 했냐면 북한에 직접 비행기를 타고 가서 그 당시의 김정일 위원장과 협상해서 한국인 두 여기자들을 특사로 데리고 왔습니다. 마침내, 미국으로 데리고 와서 두 여성이 울음을 터트리니까 같이 울었잖아요. 그러면서 이런 말을 했어요. 나도 당신의 고통을 느낀다. 정말 공감형인데 그래서 협상가형입니다. 또한 사람을 말하자면 찰스 다윈입니다. 맥락을 볼 줄 알죠. 전후 맥락을 볼 수 있습니다.

자, 그럼 이제 본론으로 들어옵니다. 사랑에 대한 이야기였는데. 여러 가지 주 기질의 사람들이 배우자나 데이트 상대를 선택할 때 어떤 상대를 선택할까요? 이렇습니다.

우선 여성 탐험가형의 남성 선호도입니다. 같은 탐험가형을 선호해요. 숫자가 작거나 아래쪽으로 치우쳤다는 말을 싫어한다는 것입니다. 남성 탐험가들을 봤더니 역시 남성 탐험가형을 좋아합니다. 그다음에 여성 관계증진가형은 역시 남성 관계증진가형을 좋아합니다. 여러분 아마 만나고 있는 사람은 이런 사람을 선택했을지도 모릅니다. 남성 증진가형은 같은 여성 증진가형을 좋아합니다.

그럼 탐험가형과 관계증진가형은 어떤가. 서로 비슷한 기질을 가진 사람끼리 좋아하더라, 이런 이야기입니다. 남성 지도자형은 협상가형 여성을 선호한다는 것으로 밝혀졌어요. 여성 지도자형도 마찬가지로 남성 협상가형을 좋아하는 것으로 밝혀졌어요. 그래서 협상가형은 지도자형을 좋아합니다. 남성 협상가형도 여성 지도자형을 선호해요. 보니까 지도자형이나 협상가형의 기질을 가진 사람은 어찌 보면 반대되는 성질을 좋아한다는 것이죠. 여기에는 생물학적인 이유가 있습니다. 생물학적으로 부족한 부분을 서로 보충해줄 수 있는 거예요. 특히 지도자형은 무뚝뚝하고 앞만 내다보고 뭔가를 잘 모르는데 협상가형은 뒤에서 보살펴주고 상호보완해줄 수 있는 그런 이유인 것 같아요. 이렇게 반대끼리 끌린다는 것을 알 수 있고 아까 나왔던 이 반대의 예로 짝을 이뤘던 힐러리 클린턴과 빌 클린턴이 있었죠?

자, 어쨌든 아까 영국의 왕세자와 케이트인가요? 사랑에 빠지게 되었습니다. 아마도 이런 것들을 생각을 안 했지만 여러분들도 끌리게 되었을 거예요. 그래서 사랑이 시작됩니다. 사랑이 시작되면 어떤 과정을 거치며 이어질까. 아마 얘기를 들어보면 여러분이 다 아는 이야기일 수도 있고, 공감을 하는 이야기일 수도 있고, 혹시 알 수도 있는데 일단은 볼까요? 트럭 운전사. 하루 종일 트럭을 모는데 누군가에게 사랑에 빠졌어요. 세상의 중심이 그 사람이 된 거예요. 이런 표현을 썼어요.

여러분 잘 아는 조지 버나드쇼 있잖아요. 굉장히 잘 빈정대는 사람. 내 우물쭈물하다가 이렇게 될 줄 알았다, 이렇게 번역했다는데 영어로 보면 이게 아니에요. 오래 있다가 보니까 이런 일이 생길 줄 알았다, 이런 이야기에요. 굉장히 빈정대는 사람입니다. 그죠? 그런데 정말 이 사람이 사랑에 대해서 이야기를 했는데 정말 콕 집은 것 같아요. 이런 말을 했어요. '사랑은 내가 지금 사랑에 빠진 한 여자와 다른 여자 사이의 차이를 아주 확대해석하는 것'이라고. 자기가 좋아하는 여성은 그 사람이 다 좋아 보이

95

잖아요. 그래서 특별한 의미를 부여한다는 이야기이죠. 당연히 특별한 의미를 부여한 그 사람에게 집중을 하게 됩니다. 사랑하면 눈에 콩깍지가 씌어서 안 보이게 됩니다.

8세기 중국의 한 남자. 그 사람은 사랑에 빠지면 워낙 집중을 하니까, 그 사람 시의 한 대목을 따면 이렇습니다. '사랑하던 여성이 세상을 떠났어요. 여자를 볼 때마다 그 사람 생각이 나는 거예요. 그 사람이 머릿속을 안 떠나는 거예요. 그래서 특별한 의미를 부여한 사람에게 집중을 하게 되니까 강력한 기운이 생겨요.' 그걸 한 자도 안 빼면 폴리네시아 원주민, 날아오르는 기분이라고 이야기를 했어요. 사랑에 빠졌을 때 물어보니까. 그래서 그 사람에게 완전히 의존하게 됩니다. 그 사람이 눈에 안 보이니까. 그래서 그 사람이 좋아하는 모든 게 다 좋아 보이는 거죠. 원래는 그거 안 좋아했는데 좋아하게 됩니다. 당연히 나한테 특별한 사람이니까 나만 사랑해야 하니까.

이게 소유욕입니다. 그래서 오래 함께 있어야 해요. 진화론적인 이유가 있습니다. 나중에 아기가 태어나면 소유욕이 있어야지 아기를 잘 키울 수 있습니다. 진화론적으로 이렇게 해석을 합니다. 그러니까 결혼하기 전의 해석이죠. 정신적인 갈망에 빠지게 되겠죠. 그래서 사랑에 빠져있거나 사랑을 막 시작한 사람에게 물었습니다. 하루 24시간 중에 그 사람 생각을 얼마나 하느냐고, 답은 이렇습니다. 밤새 떠나지 않는 거죠. 이런 질문도 했습니다. 그 사람을 위해서 죽을 수도 있습니까? 95프로가 죽을 수도 있다고 대답했습니다. 당연히 강한 애착이 생깁니다. 우리말에 더 좋은 말이 있어요. 정이라는 말이요. 정이 드는 거죠. 점점 만나면서 마음에 안 드는 구석이 있잖아요. 그래서 뭐, 이 여성이 떠나는 바람에 그냥 이 삶이 사라진 거예요. 이걸 시작해서 셀 수 없는 수많은 사랑 노래, 시, 소설, 신화, 전설 등이 동·서양 막론하고 지금도 만들어지고 있어요.

한 가지 예를 들어보겠습니다. 핫소 찬 카빌이라고 스페인어로 부르는데, 마야 왕입니다. 720년 전에 왕이었습니다. 굉장히 뛰어난 왕이었습니다. 우리나라에서 찾자면 광개토대왕 같은 사람이죠. 왕비를 너무너무 사랑했어요. 왕이 되면 후궁도 여러 명 거느릴 수 있는데 이 사람은 오직 왕비 한 사람만을 사랑했습니다. 근데 그 왕비가 세상을 떠났어요. 이집트 왕들이 피라미드를 만든 것처럼 마야의 왕도 자신이 기리는 탑, 사원을 만들었어요. 왕비가 살아있을 때 만들었지만 왕비가 죽고 나서 바로 마주보고 있는 탑입니다. 놀라운 것은 지금으로부터 천문학이 발달하기 전의 시기였는데 해마다 춘분과 추분 아침에 태양이 뜰 때에 왼쪽에 있는 왕의 그림자가 오른편에 있는 왕비 탑의 그림자를 거쳐 지나갑니다. 오후에는 왕비의 탑 그림자가 왕의 탑 그림자로 지나갑니다. 지금도 그러고 있어요. 대단한 사랑 아닙니까?

그래서 사랑 때문에 살고, 사랑 때문에 죽고, 사랑 때문에 죽이고. 혹시 로미오와 줄리엣 영화를 봤겠지요. 1968년에 나온 이야기입니다.

여러분, 레오나르도 디카프리오가 나오는 로미오와 줄리엣은 봤을 거예요. 이게 1968년에 나온 영화인데, 그때 나는 중학생이 었거든요. 근데 이게 미성년자 관람불가였어요. 사랑을 다룬다는 이유만으로. 근데 실제로 이 주인공들이 만 16세였습니다. 그 당시의 주인공 배우가 올리비아 핫세인데 지금은 할머니가 되었죠. 여러분이 초중학생 때 브로마이드에 사진 갖고 다니잖아요. 저도 다 갖고 다녔습니다. 이 사람들 결국 죽었잖아요. 결국 사랑이 비극으로 끝난 거예요. 비극적인 사랑이었지만 이 두 사람은 사랑에 빠지는 동안 아무것도 보이지 않았죠. 정말 강력하고 위대한 사랑인데 그렇다면 정말 사랑은 가슴속에서 우러나는 깊은 사랑인가, 화학자가 보면 꼭 다 그런 것만은 아닙니다.

사랑에 한 번도 빠져보지 않은 사람은 빠져본 사람의 뇌와 분명히 다릅니다. 그런데 사랑에 빠진 사람의 뇌에서 활성화된 부분은 재미있게도 마약 중독자가 코카인을 복용하고 활성화된 경우와 똑같아요. 그 말은 다르게 보면 사랑은 마약처럼 중독인 것 같다, 실제로 사랑에 빠지면 중독된다고 그러잖아요.

조카에게 장난감을 새로 사줍니다. 그 장난감에 빠져서 부모님이 아무리 점심 먹자고 불러도 안 와요. 배고픈지도 모릅니다. 뭔가 새로운 것 때문에 강력하게 보상을 느끼는 부분이 활성화

됩니다. 새로운 것, 신기한 장난감에 중독이 되어서 또는 승진했을 때 느끼는 강력한 쾌감, 그때도 거기에서 활성화됩니다. 그러니까 사랑은 가슴에서 생기는 것이 아니고 뇌에서 특정 물질을 분비해주기 때문에 생긴다고 이야기할 수 있는 것이죠. 철학자 플라톤이 이런 이야기를 했습니다. 항상 목말라하게 되고 없으면 굶주리고, 신체의 반응처럼 떨쳐낼 수 없는 것이 사랑이다. 그래서 사랑의 감정은 성욕보다 더 강렬합니다. 섹스를 못 해서 죽는 사람은 없어요, 이 세상에. 그렇지만 상대방으로부터 사랑을 거절당하거나 그러면 목숨을 끊습니다. 사랑의 감정이 더 강력한 것이죠. 마치 중독된 사람이 중독된 무언가를 해소시켜 줄 사람이 들어오지 않을 때, 마치 무슨 짓을 할 건지도 모르는 것처럼. 비유를 하자면 그렇다는 것이죠? 그래서 결국은 가슴에서 우러나기 보다는 뇌 속에서 그 부위가 활성화되고, 그 부위로부터 나오는 특정 물질의 지배를 받는다고도 말할 수 있는 것이죠. 그래서 어떤 물질인지 지금부터 보겠습니다.

우선 사랑을 보면 크게 3요소로 나눌 수 있어요. 신체입니다. 첫째, 남녀 간에 주로 사랑에 빠집니다. 물론 동성 간에 사랑에 빠지는 경우도 있다고 하지만 대부분 그렇죠. 처음에 남녀니까 사랑에 빠지게 되고 그러면서 끌리게 되고 서로를 애틋하게 찾는 애착이 생기게 돼요. 첫 번째로 남성호르몬인 테스토스테론하고 여성호르몬인 에스트로겐이 있기 때문에 생기는 거예요.

여성도 지금 남성호르몬을 가지고 있습니다. 남자보다 적을 뿐이지. 근데 여성 중에서도 남성보다 테스토스테론이 더 많은 경우에는 남성보다 더 적극적으로 구애를 많이 합니다. 끌리는 것은 바로 도파민이죠. 새로운 것을 봤을 때 강력하게 끌리는 도파민 물질, 그다음 그때 생기는 조바심, 안타까움, 심장이 쫄깃해지는 기분이 아드레날린 때문입니다. 그 사람을 만나면 그렇게 편할 수 없는 것이 바로 끌림에서 이런 화학물질이 작용하게 되고 마지막에 옥시토신이 남녀 간뿐만 아니라 부모와 자식 간에도 생기는 그것이죠. 이런 것들이 여러분들 사랑의 과정에 관여를 합니다.

어느 게 먼저 오기보다는 함께 일어나기도 하고, 차례대로 일어나기도 하죠. 결국 진짜 사랑의 시작은 두 번째의 끌림이죠. 그다음에 열정이 따라오게 됩니다. 사랑에 빠지면 도파민이 강력하게 분비가 됩니다. 뇌 쾌감 물질. 혹시 여러분 베르나르 베르베르가 쓴 『뇌』라는 소설 본 적이 있겠죠? 거기 보면 아무것도 못 하고 병상에만 누워있는, 뇌만 살아 있는 사람이 무슨 일을 하나요? 자기 스스로 온갖 것을 컴퓨터를 통해 명령 내리고, 그 일이 이루어질 때마다 뇌에 도파민을 분비하게 만들어서 쾌감을 느끼고 그러잖아요. 도파민, 이게 강력한 보상을 느끼게 해주는 물질이죠. 마약을 먹었을 때도 똑같이 이게 분비가 됩니다. 그래서 사랑은 마약처럼 중독될 수도 있는 것이라고 얘기했죠. 그리고 사랑이 절정에 빠지면 도파민이 확 분비됩니다. 도파민이 분비되면 옥시토신, 바소프레신을 함께 분비해요. 아까 옥시토신이 서로 친밀을 느끼고 애착을 느끼게 하는 물질이라고 그랬잖아요? 그러니까, 도파민 때문에 누군가와 사랑을 나누게 되면, 사실 누구와도 사랑에 빠질 수 있다는 것이죠. 그래서 사랑하면서 딴짓도 하게 되는 일이 생기기도 하죠. 왜 그러냐? 아까 사랑의 세 가지 요소가 있다고 했잖아요. 그런데 그 세 가지가 항상 함께 하는 것은 아니거든요. 첫째, 처음 만날 때보다도 점점 새로움이 줄어들기 시작하잖아요.

그래서 아까 말한 뇌에서 분비되는 이 물질 때문에 일어나는 뇌의 활동 세 가지, 즉 사랑의 3요소가 늘 같이 가면 좋겠는데, 늘 함께하지 않는다는 거죠. 그래서 누군가를 정말로 사랑하면서도, 또 자기 눈에 들어오는 다른 누군가와도 사랑에 빠질 수도 있다는 것. 그건 죄가 아니에요. 그럴 수 있다는 이야기입니다. 여러분의 마음이 그렇게 하는 것이 아니고, 뇌에 있는 물질이 그렇게 할 수도 있다는 거예요. 다 그런 것은 아니지만, 그래서 오랜 짝, 데이트 상대든, 배우자가 되었든 간에, 깊은 애착을 느끼면서도 다른 사람에게 강력한 사랑을 느낄 수가 있고, 그래서 우리는 한 번에 한 사람 이상 사랑할 수도 있다. 물론 낮은 영장류나 다른 동물들은 당연할지도 모르지만, 지적인 호모 사피엔스는 안 그럴 거라고 생각하는데, 그럴 수 있다는 겁니다.

지금까지 얘기를 쭉 하고 보면, 온통 사랑이 화학의 지배를 받는 것 같습니다. 사랑은 정말 낭만적이고 로맨틱한 것이라 그랬는데, 정말 이거 기분이 이상해집니다. 사랑이 정말 화학의 지배를 받고, 화학이 온통 사랑을 지배합니까? 한 에피소드를 제가 들려드리겠습니다. 한 남자 대학원생이 이 내용을 잘 알고 있어요. 근데, 이 남자 대학원생이 여자 대학원생 누군가를 굉장히 사랑했습니다. 근데 이 여자 대학원생은 자기를 사랑하는지 잘 모르겠어요. 사랑은 아니고, 같은 대학원생이니까 만나기는 하는데 자기를 사랑하는지 잘 모르겠어요. 그래서 이 학생이 보니까, 뭔가 새로운 것을 하고, 굉장히 신나는 것을 하면 도파민이 분비된다고 그랬잖아요. 그때 마침 지도 교수님과 함께 학술대회를 가게 되었어요. 그래서 이걸 한번 이용해서, 저 여학생이 나에게 호감을 느끼게 만들 수 없을까 생각을 했어요. 아마 과학적 공식에 따라서 되지 않겠나, 그래서 과학적 구애를 하기 시작했어요. 그래서 런던에 갔습니다. 학생이 뭘 할까 생각하다가, 저녁에 인력거를 타보기로 했어요. 런던에도 있습니다. 중국, 홍콩, 베트남에도 있지만. 인력거에는 코스가 여러 가지가 있는데, 30분 코스도 있고 1시간 코스도 있지만, 특별코스라고 울퉁불퉁한 길을 가는 코스도 있습니다. 거기에 돈을 왕창 지불했어요. 한 75파운드쯤, 10만 원 넘어요. 지불을 하고, 자기 마음에 있는 여자 대학원생하고 즐겼습니다. 그래서 여학생이 정말 즐거워했어요. 그리고 인력거 라이드가 끝났습니다. 내렸어요. 드디어 남자 대학원생이 기대하는 말이 여자 대학원생 입에서 나왔습니다. 기대에 찼어요. 정말 멋졌어요. 그 뒤의 말은 이렇습니다. "오늘 정말 멋졌어요.", "그 인력거꾼 남자!" 아마도 과학이 사랑을 다 지배하는 것 같지는 않는 것 같아요. 그죠? 여기까지가 내가 여러분께 들려드리는 이야기입니다.

배움이란 무엇인가?

박 철 홍

영남대학교 교육학과 교수

영남대학교 교육학과 교수. 미국
뉴욕 주립대에서 교육철학을 전
공했다. 『학교가 무너지면 미래
는 없다』, 『도덕성 회복과 교육』,
『예언자』 등을 저술하거나 번역
하는 등 창의적인 교육의 방향에
대해 고민하고 있다.

반갑습니다. 제 전공은 교육학입니다. 교육학 중에서도 '교육 철학'입니다. '당신이 공부하는 주제가 무엇인가', 라고 물으면 '공부가 무엇인가'가 제 주제라고 말할 수 있습니다. 교육학자로서 어느 날 대학에 가서 공부를 시작하면서 평생 공부를 하면서 살아야 할지도 모르는데 공부가 무엇인가 하는 고민을 하기 시작했고, 그런 고민의 결과로 '대학생과 교육방법' 강좌를 만들어서 십몇 년을 가르쳐 오고 있습니다. 그 강의에서 하는 말들을 다 못하겠지만 그중 일부를 여러분들에게 소개해 드리겠습니다.

공부 앞에 붙일 수 있는 단어가 너무나 많습니다. 그중 하나가 지식의 총체성이라는 단어인데, 이게 아직 학계에 공식적인 등록이 안 되어 있어서 아마 곧 새로운 개념으로 등록되지 않을까 싶습니다.

엊그제 누가 보내온 메일에서 보았습니다. 큰 소리를 지르거나 노래를 부르는 것을 사자성어로 무엇이라고 하는가? 정답은 뭘까요? 고성방가. 이렇게 전부 똑같은 대답은 별로 좋은 대답은 아닙니다. 그런데 다음 대답이 있습니다. 문제의 답은 무엇일까요? 답은 '아빠인가?'랍니다. 이런 답 말이죠. 답은 전부 다 자신의 삶의 경험을 그대로 말한 것입니다. 이 답은 굉장히 중요한 답이라고 생각합니다. 우리는 시험을 보고 공부를 할 때, 내 삶의 경험 속에 우러난 답을 이야기하는 것이 아니라, 책에 있는 답이 무엇일까,라는 생각을 하면서 그 답을 찾고 있습니다. 그렇게 시작하면, 공부는 끝입니다.

"만물의 근원은 물이다." 누가 말 했습니까? 탈레스입니다. 만물의 근원은 똥이다. 누가 말 했습니까? 답은 박철홍입니다. 여러분들 탈레스가 "만물의 근원은 물이다."라고 말한 것을 본 적이 있습니까? 없잖아요. 그런데 재미있는 것은 "만물의 근원은 탈레스다."라고 하면서 "만물의 근원은 똥이다."라고 하면 박철홍이라고 하잖아요. 만물의 근원을 찾기 위해서 책 속의 어느 줄로 달려가고 있습니다. 거기에 답이 있나요? 원래 답은 모두 삶속에 있습니다. 여러분들의 삶 속의 경험을 가만히 반성해보면, 다 대답할 수 있고, 굉장히 독특하고 심지어 우리에게 웃을 수 있는 기회를 주는 답이 있습니다. 어쩌면 우리에게 웃음을 주는 그런 답이 진짜 답일지도 모르고 전부 외운 답들입니다.

오늘 하려고 하는 말은, 공부는 우리 삶의 경험 속에 있다. 그

삶의 경험을 분명히 이해하고 그것을 드러내는 것이 진정한 공부이다, 라는 말로 요약할 수 있을 것입니다. 그리고 한마디 더 요약을 하자면 삶의 경험 속에서 공부를 한다는 것은 끊임없이 이해하기 위해 질문을 한다는 것이고 그런 질문을 하면서 배우는 나의 얇은 지식의 총체성을 배우는 것이다, 는 말로 요약할 수 있을 것입니다. 아마 이 강의가 끝나면 이 말을 좀 더 깊게 이해를 할 수 있으면 좋겠습니다.

우리가 하는 공부의 문제는 한마디로 이렇게 이야기할 수 있겠습니다. 정답이 있다는 생각입니다. 정답이 있다는 생각에는 진리가 있다는 생각을 가정하고 있습니다. 이런 생각 속에는 각각의 지식이 그 자체로 하나하나가 지식이며 진리라는 생각을 가지고 있습니다. 만물의 근원이라고 누가 말했습니까? 탈레스. 괄호 안에 알맞은 말은? 물이라는 식으로 단편적 지식들을 아는 것을 공부라고 생각해왔고, 그런 지식을 암기하는 것을 일로 생각해왔습니다.

수능고사 문제들은 전부 단답형 문제들입니다. 저는 사실 이런 사지선다형 문제는 빨리 없애버려야 하는 악습이라고 생각을 하고 있습니다. 학생들의 공부를 망가뜨리고 있습니다. 자세히 말은 못 합니다만 그런 문제를 풀다보면 바보가 되거나 쪼다가 된다고 할 수 있습니다. 정답을 찾는 공부와 질문을 하는 공부 두 가지로 나누었고, 정답을 찾는 공부가 얼마나 나쁘고 얼마나 여러분들을, 이런 공부를 하는 사람을 바보로 만드는지, 제가 한 강의나 교육 철학 시간에 이런 문제를 누구이 지적합니다. 심지어 심한 말도 많이 합니다.

'대학교육과 대학공부생활'을 1학년 1학기 때 들어오면 듣게 되어 있습니다. 제가 하는 말은 이것입니다. 대학에 온다면 고생이 많았습니다. 교육학을 들으신 여러분 축하드립니다. 여러분들은 안타깝게도 공부를 했다고 하겠지만 제가 만난 대학생들 중에 99프로 이상의 학생들이 공부를 해본 적이 없는 학생이었습니다. 책을 읽은 사람을 만나본 적이 없고 공부가 무엇인지를 만나본 적도 없습니다, 라고 말합니다.

학생들은 근본적으로 공부에 대한 오해를 가지고 있습니다. 그리고 이 습관을 빨리 바꾸지 않으면 안 됩니다. 그리고 더 나아가서 공부를 못 한다는 것은 읽기를 못 하기도 하고 듣기를 못 하기도 하고, 듣는 것이 가장 중요하죠. 말을 할 줄도 모르고, 쓰는 것은 더 어렵겠지요? 이 모든 것이 사고하지 않기 때문에 생기는 현상이고, 이것을 만드는 주범이 질문하기를 하지 않기 때문에 그렇습니다. 조금이라도 공부를 하려고 하면 조금이라도 이해하는 공부를 하려고 하면 반드시 질문이 생기고, 그 질문을 들으면서 말하려고 하면 인생이 바뀔 수 있습니다.

저의 경험이기도 하고, 제 강의를 듣는 학생 중 적지 않은 학생들이 저에게 하는 경험이기도 합니다. 제 말을 들으면서 암기를 하려고 하는 것이 아니라 질문을 적으려는 노력을 하면 얼마나 좋을까요? 제가 대학교 3학년 2학기 때 암기하는 공부가 싫어졌습니다. 수업 시간에 모든 중요한 내용은 다 암기하는 것, 이것은 초등학교 6학년 때부터의 공부 방법이었습니다. 거의 다 암기하려고 했다 해도 과언이 아닙니다. 그런데 대학교 3학년쯤 되어서 생각해보니까 이렇게 암기해서 뭘 하나 싶어 암기를 손에서 놓았습니다. 그때부터는 선생님의 하는 말에 질문을 하기 시작했습니다. 그러니 놀라운 현상이 생겼습니다. 암기를 하면 자꾸 잊어버리는데 질문한 것은 절대 잊어버리지 않습니다. 질문만 해도 적어도 시험 볼 때까지는 잊어버리지 않습니다.

20년 동안은 수업 시간에 학생들이 한 말을 한 학기 동안 다 기억을 했었습니다. 학생들이 저를 천재인 줄 알아요. 외운 적이 없거든요. 그 말을 생각하기 때문에 기억할 수 있습니다. 외우려고 하면 못 외웁니다. 암기의 역설이라고 하는데, 암기하려고 하면 암기가 안 되고, 암기를 하지 않으려고 하면 암기가 된다. 암기를 내려놓으면 하는 말들에 대해서 질문을 하게 되고, 질문을 하게 되면 그 말을 딱 한 번밖에 안 들었음에도 불구하고 거의 기억하고 있습니다. 한번 해보세요. 놀라울 정도로 천재라는 소리를 들을 수도 있을 겁니다. 꽤 노력을 해야 할 것입니다.

지구는? 답이 무엇일까요? 자전합니다. 정말 정답일까요? 아무튼 사지선다형 그런 것을 내면 좋겠어요. 1번을 찍어도 정답, 2번을 찍어도 정답 등등. 제가 보기에는 다 정답입니다. 한 번 더 물어볼게요. 지구는 자전한다. 자전은 우리나라 말로 하면 무엇일까요? 스스로 돈다. 여기에 의의가 있습니까? 물리과 학생, 또는 천체물리학과나 지구과학과 학생이 있나요? 지구는 자전한다. 답이 맞습니까? 다 그렇게 알고 있죠? 제가 사실 이 문제를 따져보려면 2시간 정도 강의를 해야 합니다만 한번 짧게 따져보겠습니다.

지금까지 책에서 지구는 스스로 돈다, 자전한다. 그렇게 배워왔지요? 저는 누가 썼는지 모르겠지만, 자연과학 하는 사람이 썼을 겁니다. 이건 말도 안 되는 소립니다. 지구가 스스로 돕니까? 스스로 돈다는 말은 어떤 말입니까? 지구가 계속 스스로 돌다가나 오늘 쉴래, 그러면 지구가 스스로 쉬나요? 정말 지구가 스스로 돕니까? 지구가 스스로 돈다는 것을 말만 배운 거라. 지구가 스스로 도나? 돌아가는 지구를 생각해봐야 한다는 것입니다. 돌아가는 지구는 어떻게 돌고 있지? 내가 보기에는 생각 안 하고 있는 것 같아요. 스스로 돌까요? 지구가 23.5도 기울어져 있죠. 그것을 지축이라고 하는데 그 지축 중심으로 지구가 회전하고 있습니다. 스스로 돌까요? 그런 돌아가는 모습을 그릴 수 있도록 하라고 가르치도록 하는 것입니다. 근데 전부 다 말만 배우는 거라. 영어로 지구의 자전이 무엇입니까?

여기 군대 다녀온 사람 있습니까? 군대 가면 근무 교대 시간에 로테이션 하잖아요. 그때 근무 뭐 한다고 합니까? 근무 '교대' 한다는 것입니다. 지구는 무엇과 교대합니까? 밤과 낮이 교대합니다. 그래서 서양 사람들은 지구가 스스로 돈다고 말 하지 않고 rotation 한다고 말합니다. 스스로 돈다는 것이 아니고 밤과 낮이 바뀐다는 걸 말하는 것입니다. 지구가 돌기 때문에 밤과 낮이 바뀌는 것입니다. 외국에서는 그렇게 봅니다. 똑같은 현상을 외국 사람은 다르게 보는구나. 이것이 외국어를 배우는 이유입니다. 물론 요즘은 배워서 물건 팔아먹는 게 중요하긴 하지만 지구가 돌아가는 현상을 제대로 이해하려면 자전이라는 말과 rotation이라는 말을 알아야 하는 것입니다. 밀물과 썰물의 주기가 바뀌는구나. 기타 등등 할 말이 많습니다. 지구 자전 때문에 핵융합을 알고 있습니까? 자전을 배워본 적이 있는지 잘 모르겠어요. 자, 다시 돌아가서. 자전, 스스로 돕니까? 영어를 쓰는 사람은 스스로 돈다는 말은 쓰지 않고, rotation이라는 말을 씁니다. 우리식으로 말하면 self turn이라고 말할지 모르겠습니다.

지구는 스스로 돌까요? 나는 굳이 말하자면 지구는 타전한다고 말을 해야 한다고 생각을 하는데. 이 구조가 가지고 있는 어떤 물리적 힘으로 돌던 간에, rotation이 아니라면 타전이라는 말이 차라리 맞을지도 모릅니다. 제 말이 틀려 보입니까? 제 말이 틀리면 말해보세요. 그러니까 스스로 돈다고 말하면 틀린 것 같다. 지구는 어떤 힘에 의해선지는 모르겠지만 타전한다고 말하는 게 맞습니다. 책을 고쳐야 할지도 모릅니다.

그런데 만약 이런 뜻이라면 '자전'이라는 말이 가능할지도 모르겠죠. '자' 자가 '스스로'라는 뜻도 있지만 '저절로'라는 뜻도 있습니다. 그냥 그렇게 있다는 것이 '자' 자라고 하면 지구는 그냥 그렇게 돌아가고 있다는 뜻에서 '저절로 돈다, 또는 자연적으로 돈다.' 하면 가능하지 싶어요. 중국 사람 만나서 한 번 물어보고 싶었는데 자꾸 까먹어요.

지구가 그냥 돌고 있어요. 그렇게 말하는 게 맞아요. 이 말을 하면서 여러분은 지금까지 공부를 하면서 지구는 스스로 돈다는 말의 뜻도 모르고, 말이 지칭하는 대상을 생각해보지도 않고 괄호 안을 채울 줄 알면 안다고 생각을 하는 것입니다. 지구에게 스스로 도는지 물어봤나요? 지구가 스스로 돈다면 우리는 위험합니다. 지구가 스스로 돌기 싫어서 돌지 않으면 우리는 죽겠지요? 지구가 스스로 돌지 않는 게 천만다행입니다.

여러분이 무슨 죄가 있겠습니까? 그렇게 하는 동안 여러분은 암기 기계로 전락되고 있습니다. 사고하는 존엄한 인간이 아니라 암기하는 기계로 전락하고 있습니다. 이 문제는 아주 심각해서 실제 강의 시간에는 굉장히 심한 말을 합니다. 그 사이에 하나가 더 있군요.

여러분은 지구 자전을 배우는 것이 아니라 스스로 돈다는 이상한 말을 배우고 있고, 기계가 무엇인가를 이해하는 것이 아니라 기계라는 그 말을 배우고 있습니다. 그 말을 마치 진리라는 이름으로 금덩이처럼 외우고 있는 거라. 그걸 외우는 동안 여러분의 머리는 죽은 상태에 있습니다. 지구 자전을 배운 것이 아니라 이상한 말만 배워 여러분이 하고 있습니다.

공부의 대부분이 공부를 하는 것이 아니라 여러분이 지칭하는 현상의 말만 들여다보고 있습니다. 우리나라에는 암기 과목만 있습니다. 전부 다 암기 과목입니다. 우리의 삶과 세계를 이해하기 위한 과목들이 전부 다 암기로 이루어져 있습니다. 시험기간이 아니면 공부를 안 해도 된다는 생각이 듭니다.

유명한 명언이 있습니다. 신경림 시인의 '가난한 사랑의 노래'와 관련한 문제가 있는데 문제 한번 풀어볼래요? 10문제를 풀었는데 3문제를 맞았어요. 중학교 때 가난한 사랑의 노래 시가 나오면 다 맞는 사람은 잘 없죠. 잘해야 70점. 자 여러분은 신경림 시를 풀면서 70점이나 100점 또는 30점을 맞았습니다. 누가 신경림 시를 더 잘 안다고 생각할 수 있겠습니까? 더 잘 아는 사람이 30점, 제일 알지 못하는 사람이 100점을 맞았습니다. 시를 배운 것입니까? 시를 감상하는 능력을 배웠습니까? 시를 쓰는 방법을 배웠습니까? 시심을 배웠습니까? 시가 아닌 엉뚱한 것을 배우고 말았습니다. 그래서 이 사람 시가 대학 시험에 잘 나오나 봐요. 자기도 못 풀겠대. 그러면서 이 사람이 요즘의 시를 가르침이 그런 것이라면 그것은 '가르침'이 아니라 '가리킴'이라고 말했습니다. 가르친다의 가리킴이다. '가르친다고 하면서 가리키고 있다.'는 것입니다. 배운다고 하면서 배꼽 두드리고 있다는 것입니다. 가리킴만 해왔죠. 아주 솔직하신 분이십니다. 우리 교육이 가리킴으로 가득 차 있습니다. 여러분은 교과 공부를 거의 한 적이 없습니다. 이상한 짓만 하고 있는 것입니다. 여러분 머릿속에 많이 차 있잖아요.

조선은 몇 년도에 건국되었습니까? 임진왜란은 언제 일어나게 되었습니까? 이순신은 누가 죽였습니까? 누가 역사 시간에 자고 있으니까 선생님께서 "이순신 누가 죽였지?" 하니까 그 학생이 "내가 안 죽였습니다." 그랬더랍니다. 그래서 학생이 집에 가서 아버지께 말씀드리니까 아버지께서 학교에 찾아오셔서 "저희 아들이 공부는 못 해도 사람을 죽인 애는 아닙니다." 그러셨더랍니다.

자, 임진왜란이 언제 일어났는지 알면 뭐가 좋습니까? 그렇게 아는 거 큰 문제가 아닙니다. 그거 알았다고 똑똑하고, 그거 알았다고 대기업 들어가고, 그거 알았다고 훌륭한 사람이 되고. 이런 이상한 현상이 잘못되었습니다. 그게 그렇게 중요한 것이 아니죠. 전혀 다른 걸 배우고 있어요. 말도 안 되는 공부를 공부라는 이름으로 우습게 하고 있다는 것이죠.

제가 보기에는 잘 놀고 있습니다. 계속 잘 노시겠습니까? 한마디로, 나와는 관계없는 객관적인 지식을 암기하고 있는 것입니다. 지구가 도는 현상을 바라보면서 삐딱하게 돌고 있구나. 그걸 누가 밝혀냈는데 23.5도래. 그래서 밤과 낮이 바뀌는구나. 이걸 이해할 수 있어야 하거든요. 근데 정말 스스로 도나? 이런 거요. 저는 지구를 처음 배웠을 때 공중에 지구가 떠 있다는 사실에 너무 놀랐습니다. 깜짝 놀랐습니다. 저는 지구가 평평한 줄 알았거든요. 그리고 공중에 있으면 떨어지잖아요. 말하면 자꾸 길어지니까 집에 가서 생각해보세요. 그런 질문에 내 앎과 내 삶이 투영되기 시작합니다. 내가 존재합니다. 뭘 하면? 이 질문만 하면 천체 현상이 새롭게 이해되기 시작합니다. 내 스스로의 힘으로 이해하기 시작한다는 것입니다. 암기하는 지식이 절대적이라고 생각하고 있고, 암기식 교육은 교과서에 있는 지식은 전부 진리다, 라는 굳건한 믿음을 여러분 한 사람 한 사람이 가지고 있습니다. 완전히 허구입니다.

공부가 재미있는 사람 손 들어보세요. 나한테 물어보세요. 공부가 재미있습니까? 네, 재미있습니다. 재미있게 하잖아요. 평생을 공부해왔는데 지겨우면 계속하겠습니까? 안 했겠죠. 굉장히 창의적이지요? 창의적인 거 대단한 거 아닙니다. 여러분 삶을 그대로 들여다보면 다 창의적입니다.

똑같은 것을 보는 눈들이 다 다르거든요. 어떤 남학생들이 있습니다. 예쁘다는 기준이 다 달라요. 예뻐 보이는 사람이랑 천생연분이 되겠죠. 사람마다 다 다릅니다. 얼마나 창의적입니까? 모두가 똑같은 답을 외우게 해놓고 창의적인 교육을 할 수가 없습니다. 그렇게 창의성 교육을 시킬 수도 없고요,

자, 지식은 객관적인 진리가 있는 것이 아니라 우리 삶 속에 모든 지식이 들어가 있는 것입니다. 앞에 그랬죠. '아빠인가' 이런 답 말이죠. '이거 무엇에 쓰는 물건인고?' 하는 질문이 그 삶 속에 있었다는 것이죠. 이렇게도 해보고 저렇게도 해보고 삶 속에서 이런저런 답을 찾아내는 것이 공부입니다. 창의적이죠. 삶과 뗄 수 있는 방법이 없습니다. 공부를 하는 사람은 삶을 살아가는 데 있어 다양한 방법을 가지고 있습니다. 그러나 우리가 하는 공부는 삶과 관련이 없는 공부여서 아무런 도움이 안 됩니다.

여러분도 시험 끝나고 대학 졸업하면 공부 안 해도 되는 줄 알아요. 이제 그게 시궁창으로 가는 길입니다. 공부를 다른 말로 학문이라고 할 수 있어요. 배우다 학, 물을 문. 학문의 뜻은 무엇일까요? 배우다 학과 물을 문에서 학과 문을 빼면 무엇을 뜻하는 걸까요? 그런데 이게 의심이 들었습니다. 공부는 배우고 묻나요? 묻고 배우고가 순서가 맞는 게 아닌가요? 그리고 학문할 때, 학은 학이고 문은 문이고 따로 되어 있는 줄 알아요. 제가 말씀드

리면 질문을 가지셔야 합니다. '선생님, 그게 무슨 뜻입니까?' 하고 물을 수 있어야 되는 것입니다.

저는 사람들이 더하기 관계로 학문을 배운다고 생각합니다. 그러나 저는 곱하기 관계로 봐야 한다고 생각합니다. 그럼 곱하기 관계로 보면 배움과 질문이 항상 같이 있어야 공부라는 해석이 가능합니다. 학문이란 학과 문이 공존하는 것이기에 무엇을 배우는지에 대한 질문이 있어야 해요. 그래야 학이다. 즉 배운다는 것만 있을 수는 없습니다. 공부라면 질문이 없으면 공부다운 공부가 아니라는 것입니다. 그런 점에서 여러분의 공부를 반성해 볼 필요가 있습니다. 아주 유명한 사람이 한 말입니다. 아는 것을 안다고 하고 모르는 것을 모른다고 하라. 이 생각은 거의 99.9999% 사람들이 가지고 있습니다. 그런데 저는 이 시간에 완전히 아는 것도 없고 완전히 모르는 것도 없다고 말하고 싶습니다.

영화에 나오는 부시맨이 처음에 코카콜라병을 알았을까요? 몰랐어요? 예, 몰랐습니다. 근데 제가 보기에는 모르지 않았습니다. 만일 코카콜라병이 있습니다. 전혀 모르는 물건이 있으면 가서 쳐봅니까? 멀리서 돌 같은 거 던져보겠지. 저게 살아서 움직이는 것은 아닐까? 다음은 막대기 같은 걸로 쳐보겠죠. 그래도 꿈쩍 안 해요. 그러면 집어봅니다. 감독이 조금 부주의하게 만들었습니다, 이 영화를. 전혀 모르는 건데 돌을 던져요? 돌을 던질

119

때는 전혀 모르는 것입니까? 요거는 돌을 던지면 팅겨서 나까지 죽이는 물체는 아닐 거다, 라고 알고 있습니다. 저게 팅겨서 나에게 와서 피해를 입힌다면 던질까요, 안 던질까요? 안 던진다고 그러잖아요. 맞고 틀리고를 떠나서 그 사람은 그렇게는 알고 있는 거라. 탁 두드리는 순간에 나에게 피해를 입힐 거라고 생각을 하면 절대 만지거나 그러지는 않을 거다. 완전히 모르고 있나요? 그렇지는 않습니다. 맞고 틀리고를 떠나서 무언가를 알고 있습니다.

여러분 제가 강의실에 들어왔을 때, 저 사람은 나를 해칠 사람이 아니다. 설마 도끼를 들고 와도 여러분은 도망가지 않잖아요. 근데 만약 전혀 모르는 사람이 도끼를 들고 오면 여러분은 도망을 가겠죠. 완전히 모릅니까? 완전히 모르지 않죠? 완전히 모르는 경우는 거의 없다는 말입니다. 인간은 완전히 아는 것도 완전히 모르는 것도 없다. 그렇기 때문에 어디부터 모르는 것인지 어디까지 알고 있는지를 분명히 아는 것이 진정으로 아는 것이다.

지적 정직성의 문제는 알면 알고 모르면 모른다고 하세요. 우리도 그렇게 합니다. 꼭 공자 인용할 필요 없습니다. 공자만 그런 말 합니까? 우리도 그런 말 할 줄 알지. 알면 안다고, 모르면 모른다고 해야 해. 공자 아니더라도 우리도 합니다. 이 말을 하는 사람은 전혀 못 봤어요. 인간은 완전히 아는 것도 완전히 모르는 것도 없다. 그러므로 이렇게 말하는 사람은 본 적이 없는 것 같아요.

우리도 서양 철학의 인식론을 이야기하고 있는데 공자가 그건 틀렸다고 하니까 공자는 대단한 사람이에요. 그 정도 돼야 공자를 인용하지. 그런 점에서 보면 항상 아는 것도 완전히 아는 게 아닙니다. 여러분이 가장 잘 아는 게 뭔지는 모르겠는데 여러분의 아버님과 어머님이 가장 잘 아는 사람일 겁니다. 물어보세요. "아버지, 완전히 다 아십니까?" 그럼 다 안다고 말씀하실까요? 안 하실까요.

여러분 지구 잘 아나요? 화산의 원리를 다 압니까? 여러분이 매일 만나는 사람을 압니까? 다 모릅니다. 그러니까 끊임없이 질문이 생기는 거라. 우리의 삶 속에는 아는 것과 모르는 것이 계속 생깁니다. 제가 처음 한 말이 아니라고 했습니다. 공자가 이렇게 말해왔는데, 2000년 동안 오해해 왔다는 것이죠. 우리 인간은 완전히 아는 것도 없고 완전히 모르는 것도 없고, 어디서부터 모르는지 어디서부터 아는지를 분명하게 하고, 그 모르는 것에 질문을 제기하고, '꼭 정직해라.' 이런 말 쉽게 할 수 있는 것이잖아요. 그렇게 복잡하게 이야기를 합니까. 그렇게 생각을 안 해요?

우리의 앎에는 아는 것과 모르는 것이 동시에 존재합니다. 남자 친구, 여자 친구 있으신 분들. 낌새가 이상해. 요게 나를 얼마나 좋아하나. 끊임없이 질문하잖아요. 우리의 삶 속에는 아는 것과 모르는 것이 동시에 존재합니다. 삶뿐만 아니라 지식도 그렇다니까요. 공자는 또 이런 말을 합니다. 옛것도 알고 새것도 알면 스승이 될 만한 자격이 있다. 이 말의 번역도 마음에 안 들어요. 이 말도 곱하기 말로 해석을 해야 하지 않을까 생각합니다.

옛것으로부터 새것을 알 수 있는 사람은 선생이 아니고 질문을 잘 할 수 있다. 옛것을 안다는 것이 질문을 잘 하는 것. 코카콜라 병으로 가죽도 만들고 여러 가지로 사용하면서 새것을 아는 것입니다. 이런 사람이 스승이 될 수 있고, 그 사람으로부터 배울 수 있다, 그런 사람으로부터 배울 수 있도록 해라, 이런 뜻이겠죠. 그러면 옛것으로 새것을 알기 위해 무엇이 필요한가? 지능과 탐구입니다. '어디에 쓸모가 있지?' 하면서 탐구를 해야 합니다. 이 말을 탐구한 결과 옛것도 아니고 새것도 아니라는 말이 도대체 뭐야? 그냥 백과사전처럼 다 외우면 된다는 것인가? 내 삶에서 끌어내 올 수 있는 사람이 지혜로운 사람이다, 라는 뜻으로 공자가 이야기하는 것입니다. 외우려고 하지 마라. 그래야 네가 공부하는 자다. 그래야 네가 배우려는 자라고 말하는 것으로 봐야 하지 않나. 간단히 얘기하고 정리를 해야겠습니다.

여러분 과학도 배우고, 수학도 배우고, 국어도 배우고 이것저것 많이 배우긴 하는데, 제가 하는 질문에 예스라고 할 수 있으면 됩니다. 제가 이 질문과 관련하여 '총체적 지식과 교육' 이라는 책 한 권을 쓰고 있습니다. 여러분 머릿속에는 국어, 사회, 과학, 영어 등의 이런 교과가 있나요? 아님 이런 것들을 넘어서서 많은 것들을 종합한 자신의 앎이 들어있나요? 저도 국어, 자연과학, 천체학, 철학, 심리학, 문학 등의 지식을 배웠겠죠. 그러나 이 지식을 외우고 있는 것이 아니라 이 지식을 종합해서, 제 강의에 필요한 아이디어를 만들어내고 그런 아이디어들이 제 머릿속에 있습니다. 이런 아이디어는 다른 모든 것들을 종합해서 공부에 대한 어떤 생각을 만들어냈습니다. 이런 모든 것들을 굴려서 공부의 관점을 형성해냈습니다. 이런 것과 같은 아이디어가 여러분의 머릿속에 다 있을 것입니다. 이런 것들이 모여 총체적 지식, 앎이라고 이름을 붙였습니다. 그리고 우리는 공부할 때 시험 때문에 배우지만 진실로 배우는 것은 이 지식을 암기하고 배우는 것이 아니라 온고지신 하는 겁니다. 다시 말하면, 총체적 지식을 재구성하고 있는 것입니다.

이렇게 생각을 해볼까요? 기독교 신자가 있습니다. 지식 하나하나를 통틀어 생각해서 불교 신자가 되는 거라. 여러분은 각자 자신의 생각을 어떤 식으로든지 만들어내고 있다는 것이죠. 그걸 만들어 내고 있는 기반이 우리의 삶이라는 것입니다. 그렇게 낱낱이 지식이 모여 총체적 지식, 총체적 앎을 만들어내는 것입니다. 어떤 지식을 통해, 총체적인 지식을 만들어내는가에 개입

되는 것이 질문입니다. 그 지식을 받아들이면서 내가 알고 있는 전부, 기독교 신자면 기독교적인 삶에 대한 생각을 하나하나 받아들이면서 불교의 논리를 비판적으로 분석하고 그러면서 새로운 지식을 구성해 나가고 있습니다.

저의 경우는 그렇습니다. 매일 하나하나 배우면 그 지식으로 새로운 지식을 만들어내는 겁니다. 이 과정을 계속하고 있습니다. 그러면서 이 과정 속에서, '나다움', '나의 생각', '자아', '내가 누구인가.' 하는 생각을 갖게 됩니다. 그렇게 보면 단편적 지식을 아는 게 아니라, 각자가 가지고 있는 지식을 종합하는 것입니다. 저 지식을 통해 내가 알고 있는 지식을 더 키우는 것이 공부입니다. 그러나 이것과 합치지 못하면 여기 생각 주머니가 주렁주렁 달리고 있습니다. 다시 묻겠습니다. 만물의 근원은 물이다 누가 말했죠? 탈레스가 했습니다. 생각의 주머니가 없었으면 만물의 근원이 왜 물이야, 이딴 생각을 할 거에요.

저는 생각 주머니가 주렁주렁 달려있는 것을 똥이라고 합니다. 쓰레기라고 합니다. 탈레스가 이런 똥을 자꾸 찾는 거라. 그걸 알면 똑똑한 것입니까? 이런 단편적 지식을 배우지 않고 공부다운 공부를 하려면 총체적 지식을 융합하고 통합하는 공부를 해야 합니다. 그게 바로 융합인문학을 만드는 이유 아닙니까? 그런 연습을 해야 합니다. 내 안에서 해야 합니다. 하나하나의 지식을 낱개로 받아들이지 말고 수동적으로 받아들이지 말고. 여러분들은 이미 알고 있는 것이 많습니다. 이것을 활용해서 새로운 지식을 만들어내야 합니다. 많이 살아왔거든요. 그동안 많은 것을 알아왔죠. 이걸 다 무시하지 말고, 여러분들이 주체가 돼서 응용하며 공부를 해야지 그 과정에서 나를 형성할 수 있습니다.

요약하면 여러분들이 대학을 다니면서 질문이 생기는 게 이상한 것이 아닙니다. 질문을 가지시면서 공부를 해야 합니다. 그 질문을 수업 시간에 끊임없이 하십시오. 수업 시간에 못 하면 노트에 적어놓으십시오. 적어놓으면 그 질문은 여러분들 것이 됩니다. 그럼 여러분들은 생각하게 됩니다. 그때 공부하는 즐거움을 느낄 수 있을 겁니다. 이것은 제 수업을 듣는 학생들이 항상 하는 고백입니다.

"공부가 이렇게 재미있는 줄 몰랐다. 그리고 내 머릿속에 이렇게 좋은 생각이 나올 줄 몰랐다."

공부 방법을 조금만 바꾸면 무엇이든 할 수 있습니다. 뭐든지 알 수 있어요. 지금부터 수업 시간에 질문 한 개씩만 던지면, 특히 1학년이라면 4학년이 되면 놀라운 변화를 느낄 것입니다. 지금부터 노트에 질문 적기. 그 생각을 하면서 이 강의를 마치겠습니다. 질문을 통해 여러분 자신을 찾는 사람이 되길 바랍니다. 감사합니다.

시민 정치의
오래된 미래,
마키아벨리

박 홍 규

영남대학교 전 교양학부 교수

영남대학교 전 교양학부 교수.
현재는 '초암평화사상연구소' 를
설립하여 간디, 톨스토이, 마틴
루서 킹의 평화 사상을 연구하는
데에 주력하고 있다. 지금까지
150권이 넘는 책을 쓰거나 번역
했다.

안녕하세요. 박홍규입니다. 방금 소개받았습니다만 37년 전에 제가 처음 강의를 시작했습니다. 오늘 마지막 강의는 마키아벨리라는 주제를 잡았습니다. 최근에 지도자 상, 지도자는 어떤 자격 어떤 심성 요건을 갖추는 것이 필요한가, 지도자의 의미는 무엇인가, 마키아벨리는 어떤 사람인가. 이런 이야기들을 많이 하고 있습니다. 마키아벨리라는 사람이 그런 문제를 제일 먼저 제기를 했기 때문에, 빠질 수가 없는 인물입니다. 이번 융합인문학의 차원에서도 정치학의 아버지, 역사학의 아버지, 외교학의 아버지, 군사학의 아버지, 여러 학의 아버지로서 두루두루 통하시는 분이기 때문에 그야말로 융합의 대가가 아니겠느냐고 생각이 되어서 여러분께 소개하겠습니다.

여러분들에게 마키아벨리의 지식을 전달한다기보다도, 제가 하고 싶은 이야기는 마키아벨리가 무엇 때문에 지도자에 대해서 생각을 했고, 어떤 지도자를 고민해야 하는지 정리하는 마음으로 강의를 진행하겠습니다.

제가 제목은 '민주공화국의 오래된 미래' 라고 타이틀을 잡았는데, 민주공화국은 아실 것입니다. 우리나라도 민주공화국임을 헌법 1조에 규정하고 있습니다. 대한민국은 민주공화국이다. 이 민주공화국이라는 말을 500년 전에 이탈리아의 마키아벨리라는 사람이 고민을 처음으로 했습니다. 이 사람의 이야기가 아주 오래전인 500년 전의 이야기지만 지금과 같은 그 후의 미래, 그리고 앞으로 살아갈 미래, 여러분들이 30대 40대, 또는 더 멀리 살아가야 할 미래에 500년 전에 제시한 것이 아직까지 유용하지 않나 해서 붙여봤습니다. 감이 오십니까? 오래된 미래가 어떤 뜻인지 아십니까? 아주 먼 미래라는 뜻을 아시겠습니까?

아주 옛날이야기이지만 미래에도 의미가 있는 그게 가장 역사를 관통하는 원리라고 생각을 합니다. 마키아벨리의 생애와 사상에 대해서 이야기를 해볼까 합니다.

배경은 15세기, 16세기 르네상스 시대를 배경으로 한다는 것은 잘 아실 것입니다. 마키아벨리의 사진을 보면 어떻습니까? 느낌이? 좀 영악스럽게 생겼습니까? 날카롭다? 교활하기도 하죠? 그렇죠? 꼭 관상을 가지고 이야기할 것은 아닙니다만 500년 전에 대단히 오해를 많이 받아온 사람입니다.

이 사람이 무슨 정치학, 사회학, 군사학, 외교학, 역사에서 두루두루 학문의 아버지라고 하면서도 마키아벨리라고 하면 사악한 정치가, 아주 부패한 정치가의 대명사 비슷하게, 권력 만능의, 독재의, 민주공화국을 망치는 이런 생각을 했던 사람으로 오해되어 왔습니다. 이름은 마키아벨리인데, 이름을 따서 마키아벨리즘이라고 하는, 지난 500년 동안 대단히 큰 문제였습니다. 그런 의미에서 너무 학구적인 얼굴 같습니까? 이것은 군주론을 쓸 당시에 군주의 모습을 상상하면서 그린 것인데, 자 이 그림은 어떻습니까? 마키아벨리즘의 마키아벨리를 단적으로 보여줍니다. 악마 마키아벨리, 사탄 마키아벨리. 그야말로 권모술수로 수단과 방법을 가리지 않고 자기 권력을 행사해. 수단 방법을 가리지 않고 모든 것을 부정적으로 삼는 정치가의 대표로 이 사람이 그런 악마, 사탄의 마키아벨리로 포장되기도 했습니다.

자, 마키아벨리에 대해서 간단히 말씀 드리자면 이 사람이 1469년에 태어나서 1527년에 죽었는데요. 58세에 죽었습니다. 근데 이 사람 생애를 반으로 나누면 나이 29세에 피렌체가 그 당시에 국가 단위였기 때문에 국가 차원에서 이야기를 하자면 외무부장관, 사실은 그 당시 피렌체는 인구가 10만 명밖에 안 되는 작은 도시였어요.

그 당시에 이탈리아는 3~40개의 작은 나라로 나누어져 있었어요. 그 나라 중 하나가 피렌체였는데, 그 피렌체에 태어나서. 10만 명밖에 안 되는 조그마한 도시에 사무국장 정도한 게 29살이었습니다. 58년생의 딱 반이죠. 그리고 그 직책으로 14년 동안 근무를 하다가 쫓겨납니다. 나머지 15년 동안은 참새잡이를 하면서 아주 비참하게 살아요. 그러면서 쓴 책이 『군주론』입니다. 생애에 대해서는 간단하게 그 정도 이야기를 하겠습니다.

여러분, 이탈리아는 말씀드린 대로 여러 개로 나누어져 있는데, 베니스, 피렌체, 로마 등 전부 작은 나라로 나누어져 있었다는 이야기입니다. 우리나라와 땅 모양이 비슷합니다. 이탈리아 반도랑 같고, 생긴 형체도 비슷합니다. 결정적으로 다른 것이 있습니다. 뭐냐 하면 이탈리아 북부는 유럽에서 제일 높은 3~4000m정도 되는 알프스 산맥이 가로막고 있습니다. 이 알프스 산맥이 있는데도, 이탈리아 북부에 프랑스 등 강대국들이 이탈리아로 쳐들어왔다는 것이 굉장히 대단한 것이었습니다.

반면에 한반도는 태백산맥이 북에서 남으로 이어져 있어 거의 500년, 1000년 전에도 중국이나 일본이 쳐들어오면 도보 수준으로 일주일 혹은 열흘 만에 서울이 순식간에 함락되는, 그래서 우리나라 역사가 굉장히 타율적입니다. 지금도 그렇죠. 우리나라 문명을 놓고서 미국과 북한이 야단법석을 떨고 있습니다. 그렇지 않습니까? 대단히 타율적입니다. 사실은 이탈리아 역사를 공부한다는 것, 르네상스를 공부한다는 것, 마키아벨리를 공부한다는 것은 나름대로 의미가 있습니다.

우리는 우리 민족 나름의 자율적이고 주체적인 결정을 하기가 외부적인 조건과 지정학적인 조건 때문에 쉽지 않은 문제점을 가지고 있습니다. 이탈리아도 많은 침략을 당했고, 다른 나라를 로마제국을 통해서 침략하기도 하고 말이죠. 우리하고 역사 전개 과정이 많이 다르지만, 두 나라를 비교해보면 자율과 타율의 문제가 있습니다.

여러분, 다음은 인구 10만 명 이상의 피렌체입니다. 유럽 도시가 다 그런 것은 아니지만, 유독 피렌체는 거의 대부분의 전쟁을 피했습니다. 그러니까 유럽에서 피렌체만큼은 폭격하지 않겠다는 것이죠. 유럽 최대의 문화 유적지로서 존중을 했다는 것이죠. 그래서 지금도 피렌체가 그대로 남아 있습니다. 영화나 사진에서 본 적이 있을 것입니다. 피렌체에서 제일 유명한 다리가 베키오 다리입니다. 이 다리 바로 옆에 마키아벨리의 탄생지가 있습니다. 지금은 아파트가 들어서는 바람에 그냥 여기서 태어났다는 흔적만 남아 있습니다. 마키아벨리는 피렌체에서 태어나서 피렌체를 위해서 그곳에서 생을 보냈습니다.

자, 여러분. 피렌체에 대해서 이야기를 하려면 메디치에 대한 이야기를 해야 합니다. 메디치 가문. 메디치에 대해서 드라마도 있고 해서 들어보셨을 거예요. 메디치 가문에서 유명하다고 해야 하나요, 제일 유명한 르네상스를 만든 메디치, 교황이 된 메디치입니다. 창조경제라는 말을 들어봤을 것입니다. 이 '창조경제' 라는 말은 메디치가 처음 시작한 말이었습니다.

이 창조경제가 500년이 지나 대한민국에서 참 비참한 무대를 맞았습니다. 원래 창조경제라는 말은 대단히 의미가 있는 말이었습니다. 지금도 경제학이나 경영학에서 이 창조경제, 메디치 이야기가 나오고 있습니다. 창조경제, 이게 메디치에서 시작을 했습니다. 메디치 효과는요. 더 다양한 분야의 학문, 기술, 문화가 상호 융합되어서 새로운 문화를 만들어 내는 것입니다. 바로 융합인문학이 추구하는, 이게 창조경제입니다. 융합의 정신에서 태어났습니다.

15세기 중세에 이탈리아 피렌체 가문을 중심으로 해서 예술가, 철학가, 과학자 여러 사람이 모여서 창조경제를 만들었다는 겁니다.

여러분, 보티첼리의 '비너스 탄생' 이라는 작품을 아실 겁니다. 사실은 화가이자 여러 가지 학문에 통한 사람이었어요. 많은 작품들 중에 가장 유명한 작품입니다. 비너스의 탄생과 봄의 탄생이라고 하는 작품.

보티첼리 그림이 미학적인 차원의 가치만이 아니라, 이 보티첼리의 그림을 응용한 패션 연구 같은 것도 밀라노 피렌체에서 융성하고 있습니다. 르네상스라고 하는 게 작가는 작가대로 학자는 학자대로 그렇게 따로따로 놀았던 것이 아니고 모든 분야가 하나로 융합되어 가지고, 르네상스를 만들기 위해서는 반드시 융합정신이 필요했습니다.

융합적 창조라는 것이 필요하다는 것을 보티첼리를 통해서 알 수 있습니다. 이탈리아에 우피치 미술관이 있습니다. 우피치를 이탈리아 말로는 오피스라고 하는데 누구의 사무실이었나, 메디치의 사무실이었습니다. 그래서 이 미술관의 회랑이 있어서 쭉 통하도록 되어 있습니다. 피렌체 도시 자체가 세계문화유산으로서 수많은 명소를 가지고 있지만 산마르코 성당에 가면 메디치 가문의 전용 도서관, 메디치 가문의 묘가 있습니다.

아마 미켈란젤로가 수많은 조각 작품들을 만들어 냈습니다만, 제가 보기에는 미켈란젤로의 작품 중에서 제일 아름다운 것은 아마 산마르코 성당의 장소, 메디치 가문의 묘를 조각한 것이 아닌가 싶습니다. 이 메디치 가문이 피렌체를 지배해왔는데 피렌체 사람들이 생각하기에 메디치 가문이라는 것이 사채놀이, 전당포 출신이었습니다. 우리는 사채놀이를 지하경제라고 해서 나쁘게 생각하고, 은행업은 긍정적인 요소라고 생각하지만 사실은 똑같은 곳에서 시작했어요. 메디치가 그렇게 출발합니다. 은행가가 피렌체를 지배하다 보니까 전부 사람들이 돈만 밝히는 것입니다. 그래서 유명한 신부가 등장해서, 하나님을 배신하고 완전히 타락했다고 부르짖기 시작해서 이 사람이 7년 동안 피렌체를 자기 나름대로 깨끗이 만든다고 연설을 했습니다. 여기에서 사람들이 연설을 하고 회개를 하고 이런 이야기입니다. 여기에, 보티첼리도 자기 그림을 불태우고 그랬습니다. 모든 예술조차도 사치다, 이렇게 하는 바람에. 그런데 이 사람의 말로는 비참합니다. 7년 만에 화형을 당하고 없어지지요. 그래서 죽고 난 뒤에 새로운 공화제 정부가 등장하면서 아까 말씀드렸죠. 29살의 마키아벨리가 사무국장 또는 외무부장관으로 피렌체에 입각하게 되었습니다. 근데 29살 이전에 마키아벨리가 대학을 다녔다, 또는 고등학교를 다녔다, 심지어 초등학교를 다녔다는 기록도 없습니다. 그래서 완전 무학의 마키아벨리가 어떻게 나라 차원에서 장관, 시 차원에서 이야기하면 국장이 될 수 있었던가. 근데 그 당시에 르네상스 시대에는 꼭 무슨 학력이 지배했던 시기였던 것은 아니고, 그 사람의 능력이 제일 기본이 되었던 시대였기 때문에 마키아벨리 나름으로 열심히 독학을 해서 똑똑한 사람으로 뽑혔다고 볼 수밖에 없는 그런 이야기입니다.

당시 인구 10만 명밖에 안 되는 피렌체에서 국회의원을 7000명 정도 뽑았습니다. 제비뽑기로 뽑은 거죠. 그래서 선거도 아니고 세습도 아니고. 마키아벨리가 제일 싫어하는 것이 세습이었습니다.

그런데 마키아벨리가 말하는 군주론은 기본적으로 세습을 말하는 것이 아니라, 로마 공화정에서 비롯되는 것인데, 공화정이든 황제정이든 간에, 로마 제국에 있어서는 원칙적으로 세습이 인정되지는 않습니다. 능력 있는 사람을 시민이 뽑는 것이 군주의 기본 덕목입니다.

피렌체 의회에서 마키아벨리가 14년 동안 근무를 했어요. 근데 마키아벨리가 자기가 모셨던 이런 사람들(왕)이 자기 마음에 들지 않았던 것입니다. 그래서 그 당시에 국가의 위기 상황이었습니다. 그런 위기 상황에서 강력한 지도자가 필요했는데, 여기서 강력한 지도자라는 말은 이런 무슨 힘을 과시하는 그런 사람을 말하는 것이 아닙니다. 마키아벨리가 말하는 강력한 지도자란 법을 수호하고 법치를 통해서 백성의 뜻에 맞는 민주정치를 못 하는 경우에는 여우같은 꾀와 사자같은 위력을 갖는 강력한 통치가 필요하다. 국가 위기 시에 그렇게 이야기를 합니다.

그런데, 여우의 꾀는 그야말로, 지략, 지혜, 지성을 의미하는 것이고 사자와 같은 힘이라는 것은 백성들에게 영향력을 행사하고 백성들에게 군림하고 백성들에게 길을 뚫게 할 수 있도록 이끌 수 있는 힘, 백성들을 설득할 수 있게 하는 힘, 그 민족을 이끌어갈 수 있는 강력한 힘을 가진 사람을 뜻했다는 거예요. 그런데 이 말을 오해해서 여우와 같은 힘은 교활하고, 그리고 사자와 같은 힘은 무지막지한 권력, 독재, 힘으로 오해되어 왔습니다. 그래서 마키아벨리즘이라고, 이 사람의 생각이 잘못 전해내려 온 거예요. 이 사람이 이제 지도자의 전형으로 그 시대에 율리우스 2세라고 하는, 로마에 가면 성베드로 성당이라고 로마 교황청이 있습니다. 그 교황청을 지은 사람입니다. 천지창조나 그런 미켈란젤로의 벽화가 걸려 있는 성당을 지은 사람이 율리우스 2세, 르네상스 시대의 교황은 로마 제국에서 392년에 기독교가 국교화되고 난 후에 19세기까지 1600년 동안 교황이란 유럽을 지배하는 강력한 군주 중 한 사람이었습니다. 정신적인 군주이자, 사실상 군사적으로 대단히 막강한 군주였습니다.

사실 율리우스 2세와 그 당시에 이탈리아 르네상스시대의 장군이 있었어요. 여러 개의 나라로 분열되어 있는 이탈리아를 통일하는 것이 마키아벨리의 희망이었습니다. 마키아벨리는 통일을 이룩할 수 있는 지혜와 용기와 담력을 갖춘 이 두 사람을 지도자로 생각을 했는데, 이 두 사람 다 마키아벨리를 실망시켰습니다. 결국 마키아벨리가 통일을 희망했지만 이탈리아가 통일된 건 100년밖에 안됐습니다.

여러분 피렌체에 가면 가장 중앙에 시청이 있고, 시청 안에 가장 큰 광장이 있습니다. 공공건물 앞에 큰 광장이 있죠. 그 광장에서 시민 집회가 이루어집니다. 그게 공화정의 기본 터전입니다. 시청 앞에, 또는 국가기관 앞에 거대한 광장을 만들어서, 그 광장 시민들의 요구를 듣는 것이 민주공화국의 공간적 원리, 건축적 논리라는 것이죠. 그 시민의 광장에 미켈란젤로가 조각한다빈치상이 있어요. 그리고 메디치 가문에서 세운 헤라클레스상이 있습니다. 메디치 가문의 상징이죠.

여러분 헤라클레스 아시죠? 그야말로, 그리스 신화에 나오는 힘센 사람들 중에 제일 힘센 사람입니다. 수많은 괴물을 물리친 헤라클레스는 힘의 상징입니다. 그래서 메디치 가문이 자기 가문의 상징으로 삼았을 정도죠. 이 조각을 한 사람이 그 당시에는 굉장히 유명한 사람이었는데, 지금은 거의 가치를 인정받지 못합니다. 미켈란젤로는 철두철미한 민주공화주의자였습니다. 마키아벨리도 메디치와 싸웠지만 미켈란젤로도 메디치 가문하고 싸웠죠. 그래서 민주공화국의 상징으로 세운 게 다윗입니다.

헤라클레스를 방불케 하는 거대한 괴물. 힘의 상징인 골리앗을 물리친 12살 소년 다윗. 이게 바로 피렌체 공화국의 상징입니다. 14년 동안 피렌체를 위해서 열심히 노력했건만, 결국은 프랑스가 침략하고 프랑스의 계획에 의해서 메디치가 다시 시작을 하고 마키아벨리가 다시 쫓겨납니다. 결국은 쫓겨나서 나이 마흔부터 시작해서 죽기 전까지 참새잡이를 하면서 군주론이라는 책을 썼다는 이야깁니다.

마키아벨리는 무슨 생각을 했는가. 마키아벨리 군주론의 처음에는 굉장히 자부심 강한 이야기를 합니다. 정치를 실천 구도로 바라본 현실주의를 말합니다. 오늘 강의를 하는 큰 의미 중 하나는 정치란 아주 현실적인 이야기입니다. 그렇죠? 정치를 망상,

좋은 의미에서 이상, 자신이 꿈꾸는 것으로 정치를 생각하던가, 어떤 이념이나 신념으로 정치를 판단하거나 혹은 종교, 여러 가지 전제가 되는 가치로 정치를 판단하게 되면 정치가 힘들어지는 거예요. 마키아벨리가 왜 정치학, 군사학 여러 가지 학문의 아버지라고 하는가?

마키아벨리 이전에는, 중세 1000년 이전에는 기독교의 신의 말씀으로 모든 것을 판단했습니다. 성경을 기준으로요. 마키아벨리가 신을 거부한 것은 아닙니다. 종교가 할 일은 분명히 있다, 그러나 현실 세계에서 벌어지는 수많은 인간사와 자연현상까지도 1000년, 2000년 전의 종교로 판단해서는 안 된다, 인간의 사회, 인간의 역사, 군사, 전쟁, 외교 이런 문제는 철두철미 현실적인 분석을 통해서 현실을 인식하고 난 뒤에 그것에 대한 대응책을 발견해야 합니다.

그래서 이 정치에 대응하기 위해서 리얼 유토피아라는 입장을 취했습니다. 유토피아주의자이면서, 이상주의자이면서, 현실주의자이다. 마키아벨리 입장이었습니다. 현실과 이상의 조화를 항상 생각을 했습니다, 군주론에서. 여러분, 성경 다음에 베스트셀러였다고 합니다. 지난 베스트셀러 도서를 정확하게는 모르겠습니다만 26개 장으로 이루어져있고 굉장히 얇은 책입니다. 군주의 유형론을 설명하고 있습니다. 그 중에 세속제 군주는 있을 수 있는데 이건 그야말로 몹쓸 군주입니다. 마키아벨리의 군주에 의하면 세습은 제대로 된 군주가 아니다. 이게 마키아벨리의 군주론이에요.

우리가 지도자를 판단하는 능력이 없어서, 더더구나 우리는 민주공화국을 한다면서 누구 아들이니까, 누구 딸이니까. 당연히 대통령으로, 장관으로, 국회의원으로, 시장으로 잘 하겠지. 우리나라의 정치 수준이 보입니다. 아까 말했던 사자와 여우. 18장에 딱 한 장에 나와요. 로마 교황청에서는 마키아벨리의 군주론이 나오자마자 이를 금서 시켜요.

마키아벨리 같은 사람이 제일 교황의 적인 것이죠. 교황이 18장의 이 부분만 강조를 해서 마키아벨리가 그야말로 수단 방법을 가리지 않는 독재군주를 옹호했다는 식으로 배제했다는 것이죠. 이 마키아벨리가 자신의 지위를 인정받는 것은 20세기에 와서입니다. 그것은 루소라든가, 수많은 철학자들이 마키아벨리의 가치를 인정했습니다만 정치적으로, 사회적으로 인정을 받기에는 훨씬 시간이 많이 걸렸습니다.

전술론, 만드라골라, 피렌체사. 마키아벨리가 그때 많은 책을 썼습니다. 마키아벨리의 군주론의 초반이었는데요. 마키아벨리의 사고방식이랄까요. 마키아벨리의 사상을 꼭 500년 전 이론을 답습할 필요는 없습니다만, 어떤 사고 패턴을 가지느냐에 있습니다.

'포르투나'와 '비르투'라는 책이 있는데요. 마키아벨리 책을 읽으려면 꼭 알아두어야 합니다. 포르투나는 운수예요. 비르투는 덕성입니다. 마키아벨리는 두 가지를 이야기해요. 하나로 이야기하지 않습니다. 일원론에 있는 사람이죠. 인간에게는 세상에는 운도 필요하지만 운과 함께 자신의 덕, 비르투에 의한 갈등도 필요하다. 마키아벨리는 성선설도 아니고 성악설도 아닙니다. 인간은 착할 때도 있고 나쁠 때도 있다. 사실 대단히 공허한 논의이죠. 마키아벨리의 답은 명확합니다. 완전히 착하다, 나쁘다고 생각하는 사람 있습니까?

마키아벨리는 이런 구체적인 상황에 따라서 다원적으로 그 기능에 따라 판단하자. 모든 것을 일반화시키거나 하는 도그마로부터 해방되자. 대표적인 게 기독교 교리가 되겠습니다. 역사를 유동적으로 보자. 기독교는 직설적이고 획일적입니다. 마키아벨리는 시원 회기주의를 항상 찾아냅니다. 항상 처음으로 돌아가는, 이런 역사관. 그래서 마키아벨리는 현실적인 사고를 했고, 따라서 마키아벨리 정치이론 중 가장 중요한 것은, 정치는 항상 내분이 있기 마련이라고 주장했습니다. 그러니까 기독교에서는 여당과 야당이 싸운다는 거에서 하나만 인정을 하는 것입니다. 인정을 하지 않는 것은 이단이 되어버리는 것이죠? 종교적인 도그마에서. 그러나 마키아벨리는 적이 있으면 동지가 있고, 여당이 있으면 야당이 있다. 여당과 야당이 항상 분열을 일으키고 그런 갈등이 항상 인간 사회에 있기 마련이다. 문제는 그런 분열과 갈등을 통일하고 화합하고 조화시키는 것이지 현실의 갈등이나 분열을 무시하거나 한쪽만을 편들어서는 안 된다는 것이 마키아벨리의 생각입니다. 이것은 대단히 중요하다고 생각을 합니다.

우리나라에 아직까지 정치적인 도그마가 있다고 생각을 합니다. 남북한 대결도 정치적 도그마에서 생겨난 것이 아닐까. 여러분 지금 북한은 세상에서 저런 공산주의 사회가 없습니다. 그죠. 제일 도그마틱한 것이죠. 대한민국의 자본주의도 도그마틱한 것입니다. 우리 현실에 맞는 수많은 경제이론이 가능한데 일부에서는 무조건 재벌이 경제를 지배해야 한다, 또 일부에서는 무조건 안 된다. 어떤 하나의 이념으로 귀결 시켜버리는 이런 도그마틱한 것들. 현실을 냉정하게 분석하고 현실의 해결책을 강구하고 해야 하는데 그런 것이 안 되는 것입니다. 뭐 그런 이야기입니다. 현실적 사고를 해야 한다. 당위와 이상을 구분하고, 균형감각과 운명론을 조화시켜야 한다. 마키아벨리에 여러 가지 이야기가 있는데 기본적인 것만 몇 가지 강조하고 넘어 가겠습니다.

자, 군주론 15장에 나오는 군주론 번역이 많이 나와 있습니다. 그 중에 제가 보기엔 제일 괜찮은 게 서울대학교에서 나온 박상석 교수님의 군주론 번역이 가장 괜찮은 것 같습니다. 여러분도 보시길 바랍니다. 거기에 초점을 두고 말하겠습니다. 무엇을 해야만 하는가에 매달려 무엇이 행해져야 한다는 것에 소홀히 한다면 자신의 보존이 더 빨리 해결이 된다.

저는 이 문제의식이 최근 우리나라가 문제에 봉착한, 우리의 현실에 매우 중요한 교훈을 주지 않느냐고 생각을 합니다. 무엇보다 20대 여러분이 정치에 대해서 아주 명확하고 투철한 사회인식을 가져야 합니다. 여러분들은 부모나 교수같이 기성세대의 이야기를 벗어나서 정확하게 여러분 나름대로 현실을 볼 수 있는 투철한 현실감과 여러분 개인의 삶을 포함해서, 나라의 삶이나 그런 것에 대해서 투철한 현실감각을 가져야 한다. 이게 마키아벨리의 중요한 교훈이라고 생각합니다. 마키아벨리가 중요하게 생각하는 지도자는 정치가였는데 순결하고 친근하고 자비롭고 관용적이다, 이것이 마키아벨리가 지도자의 덕목으로 뽑은 것입니다. 아까 말씀드렸죠? 세습군주론은 2장에 딱 한 부분만 이야기하고 있습니다.

사실은 이 마키아벨리가 강조하는 것은 자기 군대를 확보한 군주정. 이게 우리나라와는 다른 상황인데, 우리도 사실은 군사력, 병자호란을 배경으로 한 다양한 영화가 나왔습니다만, 비슷한 경험을 했죠. 임진왜란도 그렇고 36년 일제의 지배도 그렇고. 그래서 마키아벨리가 제일 강조한 것은 전쟁이 나면 제일 먼저 나서는 지도자, 그를 따르는 시민군대. 그게 군주의 가장 중요한 요건이다. 그다음에 타국의 무력과 행운으로 잡은 군주정은 별로 비평하지 않았습니다.

마키아벨리가 제일 강조한 군주정은 9장에 시민 군주정입니다. 시민이 뽑은 군주정. 사실은 지금 우리의 민주공화정 같은 거죠? 로마의 이야기를 압니다. 로마가 왕정에서 시작해서 군주정으로 넘어가고 황제정으로 넘어가고 공화정으로 넘어가는데, 대단히 긴 로마제국의 역사를 로마의 이야기를 통해서 알 수가 있습니다. 로마의 이야기는 기본적으로 지도자가 어떤 형태이든지 간에 그 형태가 왕이든 공화정이든 황제든 간에 세습이 아닌 그 시대의 가장 훌륭한 군인, 학자 등을 지도자로 뽑았다는 말입니다. 지도자의 이름이 왕이고 황제라도 지도자를 뽑는 방법은 시민이 뽑았다. 그래서 로마가 위대한 이유는 기본적으로 공화국이었다. 마키아벨리가 그런 의미의 군주정을 이야기했다는 겁니다.

군주론 9장에 나오는 부분인데 한번 읽어볼까요? 평민들의 후원으로 군주가 된 사람은 평민을 군주로 여겨야 한다. 억압 받지 않는 것 외에 다른 것을 요구하지 않으므로. 군주는 평민에게 의무를 가져야 할 필요가 있고, 그렇지 않으면 역경에 처했을 때 구제책이 없다. 구제책이 없으면 감옥에 갑힙니다.

여러분이 이 시대를 살았다는 것은 부끄러운 일도 아니고, 다행도 아니고 아무튼 여러분은 중요한 시대를 살아가고 있는 것입니다. 중요한 시대를 살고 있는 만큼 여러분이 앞으로 이 시점에서의 경험을 통해서 여러분은 훌륭한 시민이 되어야 합니다.

여러분이 30대, 40대가 될 때, 다시는 이런 실수가 되풀이 되어서는 안 됩니다. 제대로 된 지도자, 그야말로 백성을 위한, 시민을 위한 지도자를 뽑아야 하고 그런 지도자가 되어야 합니다. 여러분, 지도자 문제와 관련해서 하나 말씀드리고 싶은 것은, 마키아벨리의 군주론을 읽어보면 저는 조선의 역사, 우리의 역사가 머릿속을 떠나지 않습니다. 우리의 양반이 무엇을 한 것들입니까? 양반들은 군대를 안 가고, 세금도 안 내고, 전쟁이 나면 도망을 가고, 평상시에는 양반만이 권력을 가질 수 있는 게 양반입니다. 대한민국의 양반이란, 그야말로 지도자로서는 깡통이죠.

마키아벨리가 말하는 양반은 전쟁을 비롯해서 국가의 위기 시에 누구보다 먼저 나와서 죽어야 해. 군주는 가장 먼저 전사해야 해. 백성에 앞장서서. 그리고 군주는 돈을 내야 해. 왜 돈을 내야 해? 백성을 위해서. 조선의 양반은 그야말로 되도 않은, 그 양반의 전통이 지금도 남아 있어요. 대한민국에 아직도 많아요. 군대 안 가고 세금을 안 내는 인간들이 대한민국의 경제를 좌지우지하고 있어요. 그래서 여러분들 잘 알아야 해요. 여러분들은 그런 인간이 되어서는 안 되고, 여러분은 그런 인간을 지도자로 뽑아서도 안 돼요.

자, 아까 18장 이야기를 했었죠? 덫이란 외국의 침략, 정치적인 술수를 말하는 것이고, 사기꾼인 정치꾼들을 방지하기 위해서 여우가 되고 사자가 되어야 한다고 강조를 했습니다. 근데 이것을 로마 교황청이 마키아벨리를 수단 방법을 가리지 않는 독재 정치인으로 옹호한 것처럼, 그렇게 오해를 받아왔습니다.

여러분, 군주론을 읽다 보면 제가 눈물을 흘린 한 장면을 알려 드릴게요. 히브리아인들보다 더 심한 노예 상태에 놓이고, 페르시아인들보다 더 예속적이고, 아테네인들보다 더 흩어져서 지도자도 없고, 군사 조직도 없이 두들겨 맞고 약탈당하고 유린당하며 황폐화된 채 모든 것을 파괴했다. 이것이 군주론을 쓴 목적이자 이유입니다. 지금 대한민국 경제가 10위권에 든다는 이야기가 있지만, 우리에게도 필요하지 않나 싶습니다. 여러분 한번 생각을 해보세요. 자, 뭐 그런 이야기들을 쭉 했으니까 넘어가고. 미국에서 마키아벨리의 지도자 상을 제일 적극적으로 받아들인 사람은 링컨이라고 바라보는 학자들이 있습니다.

제가 말씀드린 내용을 한마디로 요약을 해보면, 여러분들이 앞으로 이 대학을 졸업하고 대학생으로 있으면서도 여러분 자신이 정치에 대한 꿈을 가질 수도 있어요. 꼭 그렇지 않다고 하더라도 항상 우리 사회 현실, 정치 현실에 눈을 부릅뜨고 마키아벨리가 이야기한 것처럼 현실감을 가지고 살아야지, 대한민국에도 기회가 있습니다. 마키아벨리의 이야기가 필요한 오래된 미래라고 생각하는데, 여러분도 한번 마키아벨리에 대해서 여러분 자신의 각오, 우리나라의 미래에 대해서 고민하는 기회가 되었으면 좋겠습니다.

한국의
미의식

오구라 기조

교토대학 인간환경학연구과 교수

교토대학 인간환경학연구과 교수. 동경대 졸업 후 한국으로 유학, 서울대학교에서 박사 학위를 받았다. NHK 한국어 강사로 활동하고 한국 관련 저 · 역서를 내는 등, 한일 간 민간 및 학술 교류에 힘쓰고 있다.

안녕하십니까? 저는 오구라 기조라고 합니다. 일본 교토에서 왔습니다.

교토라는 곳이 오사카에서 북쪽으로 1시간 반 정도 가면 있는 794년에 서울이 된 도시입니다. 794년부터 1868년까지 천왕이 교토에 있었고 지금도 교토에 있습니다. 교토라는 곳은 문화적으로 아무것도 없는 곳입니다.

오늘 제가 이야기하려고 하는 주제가 두 가지 있는데, 하나는 일본에 관한 거니까, 그러니까 기대가 되네요. 처음에 받은 주제가 '한국 청년들에게' 라는 주제였고, 또 하나는 한국과 일본에 관한 내용입니다. 융합인문학이라는 굉장히 좋은 개념의 이름을 들었고, 저도 이걸 해야 한다고 들어서 하나 더 추가했습니다.

역사와 일본, 그리고 아름다움과 생명 이렇게 두 가지에 대해서 이야기하겠습니다. 한국과 일본의 미의식과 생명에 대한 생각. 제가 한국말을 잘 못해서 이것을 읽는 방식으로 하겠습니다. 주제는 '한국어의 미의식과 일본어의 미의식, 생명 감각의 관점에서' 입니다. 한국어의 '아름답다' 라는 말을 들을 때마다 우주의 울림과 같은 것을 느낍니다. 이 아름다운 말의 어원에는 몇 가지 설이 있습니다.

유력한 것으로는 '아람' 이라는 단어에서 유래했다는 설과 '알다' 와 관련이 있다는 설이 있습니다. '아람' 은 충분히 익어 저절로 떨어지기 직전의, 완전한 구형의 상태인 밤과 같은 열매를 말합니다. 형태로서 조금도 찌그러진 데가 없고 생명력이 절정에 이른 때이며, 따라서 완벽한 상태입니다. 이 '아람' 은 '알' 과 분명 관련이 있습니다. 알처럼 생명력으로 충만하며 완벽한 형태는 한민족의 근원적인 미의식의 원천이라고 생각됩니다. '알' 의 알맹이가 충만해지면 '알차다' 는 상태가 됩니다. '차다' 의 이상적인 상태는 달이 차오르듯 둥글어지는 것입니다. 이렇듯 가득 차오른 상태가 '참' 이므로 한국에서 '참' 은 아름답다는 미의식과 강하게 연결되어 있는 개념이라고 할 수 있습니다.

비너스 석상의 가슴처럼 탐스럽고 둥근 구체의 생명력이 진리라는 견고한 절대성과 연결되어 있습니다. 오히려 한국어 '참' 은 서양철학의 진리 같은 딱딱하고 차가운 개념이 아니라 탱탱하고 생기가 넘치는 생명의 공처럼 탄력성으로 가득 찬 개념입니다. 그리고 '아름답다' 의 어원 중 또 다른 설에 '알다' 가 있다는 사실은 한국인의 '참' 뿐만 아니라 '지' 또한 생명력과 생기가 넘치는 '미' 와 관계가 있다는 사실을 나타내는 거죠. 이러한 사실을 통해 많은 것을 알 수 있습니다. 한국어의 '아름답다' 는 생명, 완벽함, 구, 진리, 지와 같은 개념과 관계가 있으며 이러한 표현의 저변에 있는 공통된 생각은 보편성에 대한 희구 그리고 그 보편성과 합일하는 순간성의 놀라움이 아닐까요?

그리고 이것은 우주의식이라고까지 승화될 수 있는 생각이 아닐까요? '구' 야 말로 가장 보편적인 형태입니다. 한국인은 보편적인 형태에 '아름다움' 을 느낍니다. '아름다움' 이라는 한국어를 일본어로 '美' 혹은 '우츠쿠시사' 라고 번역할 수는 없습니다. 왜냐하면 '아름다움' 은 한국인의 미의식 전체가 아니라 일부이기 때문입니다. 그러나 적어도 한국인의 미의식의 일부인 '아름다움' 은 보편적인 형태에서 나타난다고 할 수 있겠습니다. 이 현상이 '구' 이자 '아람' 인 것입니다. 그리고 보편성의 궁극에 있는 것은 우주 그 자체입니다. 따라서 한국어로 '아름다움' 을 느낀다는 것은 이 완벽한 우주 전체와 하나가 되는 듯한, 궁극의 보편성과 합체되는 듯한 감각일 것입니다. '아름답다' 라는 말로 표현되는 한국어의 미의식에 깃들어 있는 것은 보편성에 대한 강렬한 지향성이자 동시에 강한 도덕지향성이라고 저는 생각합니다.

여기서 재미있는 것은 한국 신화를 살펴보면 한국인들은 처음부터 도덕지향적입니다. 단군신화에 등장하는 '홍익인간' 이라는 말이 이러한 사실을 나타냅니다. 여기서 '인간' 은 한국어로 인간이라고 읽기 때문에 그 의미가 잘 전달되지 않습니다만, 일본어로는 '닌겐'이 아니라 '진칸'이라고 읽습니다. 즉, 근대적 의미의 '닌겐'이 아니라 중국 고전에 등장하는 '진칸'이라는 개념입니다. 여기에는 도덕적 통치에 대한 탐구설이 담겨있는데 단군신화에서 환인이 이야기한 것은 '인간세상을 널리 이롭게 한다.'는 자유주의 색채가 매우 강한 통치행위였습니다.

　이것이 얼마나 큰 특징인지는 일본 신화를 예로 들어 비교해보면 알 수 있습니다. 일본의 '고지키'에는 신들의 적나라한 욕망과 개인적인 희로애락을 그린 세계가 등장합니다. 신들이 이윽고 천황이 되어 통치자로서의 자각을 가지고 백성들을 생각하고 도덕적인 정치를 시작했다는 기록은 '고지키'의 경우 제16대 닌토쿠 천황 때에 비로소 등장합니다. 물론 도덕적이고 정치적인 내용이 하나도 없습니다. 이에 비해 한국 신화에는 처음부터 도덕적 통치에 관한 언설이 풍부하게 담겨 있습니다.

　물론 이는 단군신화가 『삼국유사』에 기록된 시대(13세기 후반)와 '고지키'가 성립된 시대(8세기 초)의 차이, 편집자의 사상적 의식의 차이가 반영된 결과입니다. 그러나 자기 민족의 시조가 '홍익인간'이라는 도덕적이면서도 정치적인 이야기를 했다는 집단의식을 지닌 한국인과, 최초의 남신(이자나기노미코토)과 여신(이자나미노미코토)이 나눈 말이 "서로의 신체 부위에서 남는 부분과 부족한 부분을 합쳐보자(성교). 그리하면 나라가 만들어질 것이다."라는 내용이었다는 기록을 가진 일본인의 차이는 두드러집니다. 물론 모든 한국인들이 홍익인간을 떠올리면서 생활하는 것은 아니겠죠? 저는 한국 사람들에게 물어봐요. 당신은 단군의 자손이라고 생각하세요? 단군이 실제로 얼마 동안…. 구체적인 숫자는 잘 모르지만 확실히 내가 단군의 자손이라는 것은 인정한다고 여기 계시는 분들은 그런 생각을 가지고 계시리라고 생각합니다. 그러나 의식적이든 무의식적이든 '우리 민족은 예로부터 원래 도덕적이었다.'는 막연한 인식이 뇌리에 있다는 점은 한국인의 미의식에 알게 모르게 영향을 끼치지 않았을까요?

저는 이런 점이 한국인의 보편성에 대한 강렬한 희구와 연결된다고 생각합니다. '아름답다'는 단순히 형태가 아름다운 것이 아니라 보편적인 완벽함을 가리킵니다. 그리고 보편적 가치에 비추었을 때 어디에 내놓아도 부끄럽지 않고, 어떤 꽃이나 어떤 인생과 비교해도 손색이 없는 미를 의미합니다. 즉, 이는 살아간다는 행위에 있어서 완전무결한 상태로서 미와 도덕성이 하나가 된 상태를 표현하고 있다고 생각합니다. 이후에 말씀드릴 이러한 보편적 신앙은 한국인의 생명 감각과 미의식의 핵심 부분에 자리 잡고 있다고 할 수 있습니다. 일본인들은 안 그래요. 안 그렇다는 것은 또 나중에 말씀드리겠습니다.

한국어에는 '곱다'라는 말도 있습니다. '곱다'의 미의식은 주로 시간과 관련이 있지 않을까 싶습니다. '아름답다'의 시간성은 마치 달이 둥글게 차오를 때처럼 공간적인 미의 절정에 달한 상태의 순간성과 밀접한 관계가 있습니다. 지금은 꽃들이 활짝 피었지만 그 화려함은 언젠가 사라지고 만다는 예감이 감돕니다. 보편은 언젠가 보편성을 잃는다는 위태로움을 지니고 있는 것입니다.

이에 비해 '곱다'의 시간성은 '축적'이라는 방향성을 가진 것이라고 생각합니다. '곱게 나이 드신 할머니'나 '곱게 자란 자매'와 같은 표현의 경우, 여기에서 '곱게'는 지금까지 축적되어 온 시간이 조금씩 세심하게 쌓아 올려졌다, 혹은 짜였다는 뉘앙스가 있습니다. 이 세심함은 비할 데 없이 아름답습니다. 시간을 소중히 다루고 시간에 대해 섬세하게 의식함으로써 그 시간을 살아가는 삶의 질이 서서히 높아집니다. 이것이 '곱게'의 세계이겠지요. '고운 피부'나 '고운 마음씨'와 같은 표현도 피부나 마음이 지금까지 경험해온 차분한 시간성을 느끼게 합니다. 물론 미에 대한 표현이니 '곱다'도 어느 정도 보편성을 나타냅니다. 그러나 이는 '아름답다'처럼 완전무결하다기보다는 한 사람 한 사람, 하나하나의 특수한 경험을 섬세하게 내면화, 내성화함에 따라 생겨난 미입니다.

외국 사람들이 들을 때는 굉장히 철학적인 의미를 가지고 있습니다. 즉 '아름답다'가 보편적인 미의 절정을 의미하기 때문에 항상 그 절정의 순간성에 구속되어 미에 대한 불안을 표현하고 있는 데 비해, '곱다' 는 시간의 지속성 속에서 경험을 내면화, 내성화해 온 역사성을 승화시키고 있기 때문에 미의 안전성을 표현하고 있는 것입니다.

한국어 '아름답다' 의 의미에 상응하는 일본어는 '우루하시(우루와시이)' 일 것입니다. 이 두 단어는 발음도 비슷하므로 어원적으로도 가까운 관계일지도 모르겠습니다. '아름답다' 도 '우루와시이' 도 현재는 일상적으로 사용되는 빈도가 낮아졌다는 의미에서 비슷한 면이 있습니다. 두 단어 모두 가치가 세속화되어 해체된 포스트모던의 공간에서는 너무나 거창한 의미를 가지기 때문에 꺼려지는 경향이 있을 것입니다. 한편 '아름답다' 가 이상으로 삼는 형태가 완전한 구형이라면 일본어에도 그와 비슷한 미의식이 있습니다. 그것은 '다마' 라는 개념입니다. '다마' 는 글자 그대로 구슬을 나타냅니다만, 고대에 이 말은 사람과 사물 속에 자리하며 그 본질적인 생명력을 내장한 정령이라는 의미를 가지고 있었습니다. '고토다마' 는 말의 생명력을 가리키며, '다마시즈메' 는 생자로부터 이탈한 영혼을 원래대로 돌려놓은 것입니다. '다마' 와 비슷한 말로 '다마시이' 가 있습니다. '다마시이' 의 역사적인 가나 표기법은 '다마시히' 입니다만, 이는 '다마' 에 '시' 라는 소속의 관계를 나타내는 격조사가 붙고 그 뒤에 '히' 가 붙은 단어입니다. 이 '히' 는 '불' 이라는 의미가 아니라,

'해'에 가까운 의미로, 비인격적인 영적 에너지를 나타냅니다. 즉 '다마시히'는 '다마'의 '히'이며, 생명 에너지의 영위입니다. '다마'가 개별적인 생명체의 에너지인 데 비해, '다마시히'는 더욱 보편성을 가진 영적 에너지입니다. '다마'가 'soul'에 가깝고 '히'가 'spirit'에 가깝다고 해도 좋을 것 같습니다.

한편 한국어로 '아름답다'의 '알(양성 모음)'과 '다마시이'를 의미하는 '얼(음성 모음)'이 어떤 관계에 있는지 저는 잘 모릅니다만, 어쩌면 일본어의 '다마고'와 '다마' 같은 관계일지도 모르겠습니다. 이렇게 생각하면 고대 일본어의 미의식은 '우루하시'이든 '다마'이든 한국어의 미의식과 통하는 점이 많습니다. 고대 한반도에서 직접 일본 열도에 유입된 미의식도 있을 것입니다. 그러나 헤이안 시대부터 무로마치 시대에 걸쳐 일본 문화는 중국과 한반도의 영향에서 점차 벗어납니다. 미의식에 관련해서도 헤이안 시대의 '오카시'와 '모노노 아와레', 헤이안 시대부터 가마쿠라 시대 이후의 '유현', 무로마치 시대부터 에도 시대의 '와비', '사비', 그리고 주로 에도 시대에 융성한 '이키' 등 특이하며 파악하기 어려운 개념이 등장하기 시작합니다.

결론을 말하면 한국어 중 재미있는 것이 있는데, '생각', '멋' 이런 것들이 참 재미있습니다. '생각'이라는 것은 생각을 각성한다는 것입니다. 항상 강조하시는데, 일본하고 한국을 비교하면서 일본어의 '생각한다'라는 것은 계산한다는 그런 뜻입니다.

그러니까 일본 사람들은 무엇인가를 해석한다. 그런데 한국 사람들은 '생각한다'를 생명을 각성한다는 말로 씁니다. 거기에 차이가 있다는 것입니다. 슬프죠. 생각한다는 것은 육체적 생명이 있고, 영적인 생명도 있고 여기서 제가 강조하고 싶은 것은 육체적인 생명하고 영적인, 보편적인 생명하고 그리고 또 하나의 제 3의 생명이라는 것이 있습니다. 그것은 사람과 사람 사이에, 사물과 사물 사이에, 언제 나타날지도 모르는 생명 감각이 있다는 것을 여기서 강조하고 있습니다. 그런 생명이라는 것은 우리 몸 안에 있는 것만은 아닙니다.

생물학적인 생명, 근데 우리는 생물학적인 생명만으로 살아가는 것은 아닙니다. 그런 영적 생명도 있고 제3의 생명도 있고, 그것은 미적인 생명이다. 그림에 생명이 있다. 그런 식으로 이야기하는 것은 비유가 아닙니다. 나타날지도 모르는 생명이 있다는 것이죠. 몸의 생명이 아니라 나타날지도 모르는 생명이 있죠. 그리고 우발적으로 나타날지도 모르는 생명이 있습니다. 그래서 우리는 살아갈 수 있는 것이거든요. 우리가 육체가 있기 때문에 살아간다는 것이 아니에요. 생명 때문에 우리는 그런 행동을 한다고. 그런 것이야말로 생명이라고 생각합니다. 비유가 아니라, 생명 같은 것이 아닙니다.

공자가 논어에서 '인'이라고 했던 것은 그것입니다. 인이라는 한자는 사람이 둘이 있다는 것. 복수의 사람이 있을 때 사람들

사이에 나타날 수 있는 어떤 것을 인이라고 했던 것이고요. 공자는 주자학자가 아닙니다. 공자의 군자라는 것은 사람 사이에 나타나는 생명이 잘 나타날 수 있을지도 모르는 현상을 군자라고 했어요. 논어를 읽어보면 군자는 항상 군자입니다. '공자가 항상 군자여야 한다.'라는 것인데, 공자는 그렇게 생각하지 않았습니다. 군자는 언제든지 군자가 안 될 수도 있어요. 근데 군자는 생명을 나타낼 수 있는 그런 가능성을 많이 가지고 있는 사람을 군자라고 했거든요.

그런 생명을 나타낼 수 있는 사람이 군자입니다. 도덕적이고 엄격한 존재가 아닙니다. 물론 도덕적이고 엄격한 사람이 그런 분위기를 나타낼 수도 있죠. 그러니까 우리가 생명을 생각할 때 육체적인 생명, 그것만 생명은 아닙니다.

100세까지 살아갈 수 있는 시대가 돼도, 육체가 100세까지 살아가지만, 제3의 생명이 있어요. 나이 드신 분은 제3의 생명을 표현할 수 있어요. 물론 의학적으로도 건강하죠. 건강하다는 것은 차를 마시더라도 아주 고맙게 마시는 것입니다. 모든 것이 고맙고 사랑하는 것입니다. 그런 사람들이 사물에 대해서도 생명이 어떤 식으로 생명을 나타내는지 항상 생각해야 해요. 공부 잘하는 사람을 보면 수학 문제를 풀면 그것을 재미있게 받아들여요. 나와 숫자 사이에 어떤 생명이 나타나 있어요. 아주 신나게 문제를 풀고 있을 때. 인간은 그것이 없으면 살아갈 수 없어요.

다음은 일본 문제로 넘어가겠습니다. 제가 좀 자극적으로 이야기할게요. 1945년 8월의 패전을 이야기할 때, '일본인은 원폭처럼 자신들이 피해자가 된 입장만을 기억한다. 가해자 측면은 망각하고 있다.' 라는 말을 자주 듣습니다. 아마 60% 정도는 맞는 지적일 것입니다. 하지만, 일본인이 가해자로서의 입장을 완전히 외면한다고 보는 것은 얕은 이해에서 비롯된 생각입니다.

저는 일본인이 제2차 세계대전이 끝난 후 72년이라는 긴 시간 동안 '상복을 입은 채' 생활해 왔다고 생각합니다. 왜냐하면, 1945년까지 그렇게 호전적이었던 일본인은 전쟁 이후 어디로 사라져 버린 걸까, 라는 생각이 들기 때문입니다. 단순히 미국에 의해 점령당하고 전쟁 포기를 강요받았다고 해서 온순해진 것은 아닐 겁니다.

저는 일본인이 큰 소리로 이야기하진 않지만, 조용히 '상중에 있는 상태'라고 생각합니다. 피해자로서 뿐만 아니라 가해자로서, 자신들이 무자비하게 죽이거나 지배한 상대에 대해서도 자숙하는 시간을 보내고 있는 것입니다.

일본 역사를 살펴보면, 헤이안 시대(794~1185)나 에도시대(1603~1868), 제2차 세계대전 이후(1945~)처럼 평화로운 시기와 그 사이사이에 존재했던 지극히 호전적인 시기가 번갈아 등장합니다. 제2차 세계대전 후 일본은 역시 평화주의로 관철한 '조용한 시대'를 보내왔다고 생각해도 좋겠지요. 한국인을 상대로 한 여론조사를 보면, '일본은 군국주의적이다.'라는 조항의 답변율이 높은 걸 알 수 있는데, 이는 실태와 완전히 동떨어진, 날조된 이미지라고 생각합니다. 물론, 일본의 겉으로 보이는 '평화'나 '조용함'은 기만이며, '일본은 일국평화주의라는 가면 아래 실제로는 전쟁을 수행했다, 또는 전쟁에 가담했다, 그리고 그 것을 은폐했다.'라고 비판할 수 있고, 저 또한 그러한 견해에 45% 정도 동의합니다. 하지만 가령 그렇게 해석했다고 해도, 즉 일본의 일국평화주의에 숨어 있는 기만성을 최대한 비판하고 비난한다고 해도, 전후 일본이 조용했던 사실을 완전히 부정하기는 어려울 것입니다. '미국, 중국, 북한보다 전후 일본이 훨씬 시끄러웠다.'고 말하고 싶다면, 증거를 제시할 필요가 있겠지요.

전쟁 전 매우 공격적이고 시끄러웠던 일본의 모습을 떠올려보시기 바랍니다. 전후에는 그러한 모습을 찾아볼 수 없다고 해도 좋지 않을까요? 전후의 일본과 지금의 일본을 동일시하면 안 됩니다.

조용히 있는 것.

이것이 제2차 세계대전 후 일본의 기본 태도라고 생각합니다. 이 조용함은 아주 뚜렷한 현상입니다. '일본은 시끄럽다, 호전적이다.'라고 말하는 사람에게 저는 '전쟁 전의 일본을 떠올려보세요. 전후의 모습이 그것과 같습니까?'라고 물어보고 싶어집니다. 물론 '호전적인 전쟁 전'도, '조용한 전후'도 일본인의 모습입니다. 우리는 억제력을 상실하면 생을 버리고 죽음을 향해 기꺼이 돌진하는 민족입니다.

'무사도는 죽음이다.'라는 '하가쿠레'(18세기 초의 서적)의 말은 여전히 일본인 안에 살아있습니다. 하지만, 반대로 전후처럼 오직 자신의 생명만이 소중하며, 공동체나 국가 따위를 위해 절대 그 생명을 포기할 수 없다고 생각하는 것도 일본인입니다. 전후 일본은 후자의 모습을 바탕으로, '심상치 않은 조용함' 속에서 살아왔다고 할 수 있습니다. 이 부분을 오해해서는 안 됩니다.

하지만 이 '조용함'이 의미하는 것은 무엇일까요?

저는 어떤 의미에서 '판단 정지'를 뜻한다고 생각합니다. 한국인은 곧잘, '일본은 정권교체가 없다. 전후는 사실상 자민당의 독재정권이었다. 그러니 일본에는 민주주의가 없다.'라고 말하는데, 이 또한 일본 사회를 잘 모르는 사람들이 하는 말이라고 생각합니다.

어째서 1955년 이후, 아주 짧은 예외적 시기를 제외하고 자민당 정권이 지속되어왔는가. 물론 첫 번째 이유는 자민당이 보수 정당임에도 불구하고 전후 세계의 자유주의 진영 가운데 복지 민주주의를 최대로 추진하였다는 점과 관련 있다고 생각합니다. 자민당을 '우익', '보수'로밖에 평가하지 못하는 사람들은 정치에 대한 이해도가 낮은 사람들이라고 할 수 있습니다. '자민당을 파괴하겠다.'고 외치며 2001년에 등장한 고이즈미〔小泉〕정권까지의 자민당은 세계 최대의 리버럴 정당이기도 했던 것입니다.

그러나 자민당 정권이 지속된 또 하나의 큰 이유는 자민당이 지극히 '판단 정지' 정당이었기 때문이라고 생각합니다. 이 정당은 경제 정책에 관해서만 '경쟁'〔우〕과 '복지'〔좌〕의 양단을 최대한 확대한 것이 아닙니다. 이데올로기 측면에서도 '오른쪽'에서부터 리버럴까지 최대한 범위를 넓혔습니다. 이 정당의 이데올로기적 수비 범위에 완전히 포섭될 수 없었던 것은 극우와 공산주의뿐이었습니다. 동아시아 외교에 관해, 자민당 내의 보수 본류는 중화인민공화국을 지지했지만, 청람회 등의 보수 방류는 중화민국(대만)을 지지했습니다. 기시 노부스케나 나카소네 야스히로 등의 방류 우파 노선은 대한민국을 적극적으로 지지했지만, 그와 동시에 아시아·아프리카문제연구회(AA연)의 우쓰노미야 도쿠마와 같이 북한과의 관계를 적극적으로 추진한 세력 또한 자민당 내에 버젓이 입장을 견지하고 있었습니다. 리버럴을 대표하는 고노 요헤이도 아시아·아프리카문제연구회의 멤버입니다. 즉, 개개인의 정치가나 파벌은 명확한 이념을 갖고 있었지만, 파벌과 개인의 균형을 통해 집권해 온 정당 전체로서는 이념의 방향성을 명확하게 제시하지 못하고, 전후 계속해서 판단 정지 상태에 빠져있었던 것입니다.

이것이 전후 일본의 '조용함'을 만들어낸 한 가지 요인이라고 할 수 있습니다. 파벌 항쟁과 세력 균형이 정당 전체의 판단 정지와 직결하였고, 그 결과, 미국이 떠맡긴 헌법을 지키면서 일본은 조용히 '상복을 입은 채' 지내온 것입니다.

그리고 이 '복상'은 결과적으로 동아시아를 안정시켰습니다. 한국 미디어는 '일본이 동아시아를 혼란스럽게 한다.' 고 떠들썩하게 보도하는 경향이 있습니다만, 제 견해는 다릅니다. 일본은 전후, 자민당의 판단 정지에 의한 전방위 외교라는 방침 아래 자유주의 진영과도, 공산주의 진영과도 관계를 구축해왔습니다. 그러한 절조의 부재, 이념의 부재는 동아시아 여러 나라가 일본에 대해 격심한 짜증을 느끼는 요인이 되기도 했습니다. '좀 더 입장을 명확하게 하라.' 는 조바심을 낳은 것입니다. 그러나 '일본이 전후 외교·안전보장 방침을 명확하게 했더라면 어떻게 되었을까?' 라는 사고를 실험해보시기 바랍니다. 동아시아는 틀림없이 훨씬 더 혼란스러웠을 것입니다. 일본의 판단 정지, 조용함, '복상'이 결과적으로 동아시아를 안정시켰다고 할 수 있겠지요.

그러나 최근 몇 년, 일본에서는 "이제 '복상'은 끝났다. 일상으로 돌아가자."라는 목소리가 커지고 있습니다. 무기력한 판단 정지, 굴욕적인 저자세, 강요된 조용함만을 참을 수 없게 된 것이 아닙니다. 거기엔 일본이 '보통 주권국가' 로서 판단을 명확하게 하는 것이야말로 더 나은 동아시아를 구축하는 길이라는 생각이 깔려있습니다. 그러므로 아베 정권의 움직임은 단순한 내셔널리즘이 아닙니다. '더 나은 동아시아 구축'이라는 강한 목적의식이 내재해 있는 것입니다.

그러나 이와 관련하여 저는 일본이 계속해서 '복상'해야 한다고 생각합니다. 과거에 일본이 피해를 준 나라와 지역에 사는 사람들의 아픔이 아물 때까지 일본은 계속해서 '상복 입은 생활'을 이어나가야 합니다.

일본인은 한국인과 중국인, 그 외의 피해를 본 사람들에게 끊임없이 사죄하고 반성해야 합니다. 수상이나 정치가의 사죄도 물론 중요합니다. 이를 지나치게 경시하지는 않으셨으면 합니다. 하지만, 그것만으로는 충분하지 않습니다. 일본인은 자기 자신이 직접 하지 않은 일에 대해서도 그로 인해 고통 받은 사람이 있는 한 계속해서 사죄해야 합니다. 그러나 그것은 조용히 치러지는 것이 좋습니다. 대대적인 세리머니가 되어서는 안 됩니다. 마음속으로 죄송한 마음을 갖는 것이 좋습니다. 피해자가 '사죄가 부족하다, 성의가 부족하다, 신뢰할 수 없다.'고 비난해도 그저 말없이 마음속에 '죄송스럽다'는 마음을 지켜 나가야 합니다. 그리고 실제로 많은 일본인, 아니, 대부분의 일본인이 마음속으로 조용히 '죄송스럽다, 정말 되돌릴 수 없는 일을 했다.'고 생각한다는 것을 알아주셨으면 좋겠습니다. 일본인은 한국인이 생각하는 만큼 오만하지 않습니다.

한국 분들에게는 많은 일본인과 직접 만나서 대화해 보셨으면 좋겠다는 말씀을 드리고 싶습니다. 미디어라는 필터를 통해 일본을 마주하게 되면, 진정한 모습을 전혀 볼 수 없습니다. 많은 일본인은 한국 미디어가 그리는 것처럼 오만한 사람들이 아닙니다. 단, 안타깝게도 역사에 대해 정확한 지식을 가지고 있다고는 말할 수 없으며, 명확한 죄책감을 느끼고 있지 않을 수도 있습니다. 명백한 죄책감을 가져야 한다고 저는 생각합니다. 그러나 조용히 '복상'하는 겸손한 사람들이라는 점은 의심할 여지가 없습니다.

한국인들은 좋은 일본 사람들을 만나려고 하죠. 좋은 일본 사람이라는 것은 다른 말로 하면 한국 사람하고 똑같은 역사 인식을 가지고 있는 일본 사람입니다. 그것을 다른 말로 하면 양심적인 결정인, 지식인이라고 하죠. 그런 사람들만 만나도 되는 것인지가 의문입니다. 제가 한국에 자주 오고 한국에도 많이 살았고 그럴 때, 사람들이 100% 독도는 한국 땅이라고 하죠. '독도는 한국 땅이 아니다.'라고 하는 사람을 골라서 사귈 수가 없잖아요. 그러니까 여러분도 한국의 미디어가 양심적인 일본인을 골라서 그런 사람들만 소개하는데, 그게 양심적인 지식인이라는 사람들이 진짜 한국을 위해서 발언하고 있는 사람들인가?

아직 한국과 일본은 대등하게 만나지 못하고 있다고 생각합니다. 대등하다는 것은 친구거든요. 친구면 서로 비판을 해줘야 합니다. 너는 이런 행동을 하면 안 된다. 한국은 자주 일본에 대해서 충고를 해주죠. 그래서 일본 사회는 많이 성장했어요. 만약 일본 사회가 1950년대 모습 그대로라면 굉장히 낙후된 나라입니다. 근데 여러분들이 어떻게 생각하는지 모르겠지만 일본은 인권에 대한 의식이나 재일 한국인에 대한 차별이라든가 여성 문제, 위안부 문제가 있었습니다. 때문에 정치, 여성 인권 유린 문제에 대해서는 깊이 생각해야 하고 잘못되었다는 것은 일본 사회가 갖고 있는 공통된 인식입니다.

한국이라는 존재, 재일 한국인이라는 존재가 없었더라면 여기까지 성장하지 못했을 겁니다. 근데 제가 말하는 것은 한국에 대해서 제대로 비판해줄 수 있는 존재가 어디에 있을까? 미국, 중국? 그렇지 않습니다. 미국이나 중국은 한국에 대해서 진정한 충고를 하는 것은 아닙니다. 그냥 자기 전략을 위해서 한국을 이용하는 것이죠. 근데 일본은 대등한 친구가 될 수 있는 것이 아닌가, 되어야 하는 게 아닌가, 그렇게 생각을 합니다.

여러분, 자기 나라의 '지'에 대해서 신뢰감을 가져야 한다고 생각을 하거든요. 한국하고 일본만이 세계에 모든 지식을 습득해왔던 나라입니다. 서양 하버드대학교 교수의 서재를 보세요. 많은 책이 있겠죠. 그러나 한국과 일본에 관한 책은 없어요. 그리고 한국과 일본의 지식인, 서양 책, 동양 책을 다 보고 갔어요. 일본인도 한국인도 대학 서적을 보면 다 있어요. 이대로 있으면 안 된다는 것입니다. 새로운 가치를 만든다는 것은 차원이 달라요. 차원이 다른 작업을 같이 해야 한다고 생각을 합니다. 일본인 서적에는 한국 서적이 없어요. 한국 분들도 일본에 대해서 더 공부를 해주었으면 좋겠어요.

일본의 헌책방 주인이 조선에 와서 책을 많이 팔았대요. 주로 많이 팔리는 책은 세계문학전집 같은 책이요. 일본의 문학 책은 전혀 안 팔리고. 일본 사람들은 한국과 관련한 책은 전혀 안 읽고. 그런 경향이 있어요. 그러니까 제가 이야기하고 싶은 것은 한국과 일본이 세계의 모든 지식을 공부만 하는 것이 아니라 창출을 해야 하는 것이라고요.

일본과 한국은 아주 날카로운 도덕적인 비판을 주고받았죠. 히로시마 원폭 피해자가 한국인 중에도 굉장히 많아요. 합천에서 히로시마로 건너갔던 분이 피해를 당했죠. 그런 문제를 어떻게 해결을 해야 하는 것인가. 모든 사람들이 흔쾌히 수락하는 고민은 없을지도 모르겠습니다. 그걸 한·일 모델이라고 해서 프랑스, 영국 등의 그 나라에서도 위안부 문제가 생길 것이고, 위안부 문제는 한국과 일본만의 문제는 아닙니다. 전시 상황의 보편적인 여성 인권 유린의 문제입니다. 그것을 서양에서는 유린하고 있죠. 자각해서 그걸 어떤 식으로 해결을 해야 하는가. 피해자가 외쳐야 응답을 하는 것이거든요. 서양도 앞으로 그런 문제를 증명해야 하고, 한국과 일본이 먼저 그 작업을 해왔습니다. 그것을 자각하는 것이 중요하다고 생각을 합니다.

여러분, 제 개인적으로는 어른이 젊은이에게 도전해라, 한계는 없다, 경계는 넘어서야 된다, 그런 말을 하는 것은 싫습니다. 저는 그런 이야기를 하는 어른을 별로 좋아하지는 않습니다. 저는요, 저런 사람들은 그냥 방치를 하는 것이 좋다고 생각을 합니다. 교토대학의 교육 이념이 그것이거든요. 우리는 방목을 한다. 방목이라는 말이 있습니까? 양이라던가, 풀 먹고 가라 그런 식으로 하는 거. 학생들을 방치하는 것이죠. 교토대학의 교육이념은 학생이 3000명 들어오는데, 그 중에서 몇 명만 훌륭한 사람이 되면 되는 것이고 나머지는 놀다가 가세요. 그냥 놀아요. 공부해라 그런 말은 안합니다. 공부라는 것이 무엇이냐, 공부는 왜 해야 하는가, 그런 소리는 안 합니다. 그런 건 필요가 없습니다. 그냥 자기가 하고 싶은 것을 하면 됩니다. 그런 식으로 생각을 합니다. 자기 자신의 표현을 찾아라 그런 식으로 할 필요도 없어요. 우리는 그런 거 없습니다. 그냥 하고 싶은 것을 하라. 그것뿐입니다.

고난이
나를 키운다

이 동 건

영남퇴계학 연구원 이사장

영남퇴계학 연구원 이사장. (주)
산화건업 대표를 지냈으며, 퇴계
이황에 대한 연구로 영남대학교
에서 학국학 박사 학위를 받았
다. 한국의 선비 정신과 퇴계 이
황의 학문을 민간에 널리 알리는
활동에 주력하고 있다.

여러분, 안녕하세요?

저는 진리라는 것은 평범한 것 속에 있지 않다는 것을 믿습니다. 오늘의 주제는 환경, 특히 고난이 나를 어떻게 키우는가. 나의 발전이 고난 속에서 어떻게 커 가는지, 이 부분에 대해 여러분들이 어떻게 풀어나가야 하는지 얘기해주기 위해서 왔습니다.

사람에게 격이 있다면 국가에도 격이 있어야 해요. 그렇다면 대한민국은 국격이 있는가? 현재 우리나라에는 국격이 없어요. 근데 선진국, 일본, 독일, 영국 이런 나라는 다 국격을 가지고 있고, 그 국격을 상품 속에 집어넣어서 가격을 책정해요. 국가의 이미지도 높이고 국민의 이미지도 높이고 나아가서 돈벌이도 되게 하고 있어요. 대한민국에는 국격이 없을 뿐만 아니라 정하지도 않았고 정할 뜻도 없어요.

제가 소속되어 있는 퇴계학회에서 청원을 올렸지만 묵묵부답이에요. 저는 선비 정신으로 국격을 올렸으면 좋겠다고 청원을 올린 건데, 선비 정신이라는 것이 양반들의 것이 아니냐. 평등한 사회 민주주의를 추구하는 한국에서 일부 특권층의 이야기, 양반의 이야기는 받아들일 수 없다. 그렇게 일부에서 반대를 해 그 청원이 받아들여지지 않았어요. 앞으로 대한민국이 중국과 미국과 일본과 모든 나라를 앞지르려면 우리의 국격이 정해져야 한다는 사실. 국격이 교과과정에 영향을 줘야 한다는 것은 사실입니다. 이건 교육계에서 이미 다 증명이 된 사실입니다. 근데 유독 우리나라에서 그게 진실임에도 불구하고 실용이 되고 있지 않아요. 우리 한번 생각을 해봅시다.

일본의 국격이 무사도 정신이고, 영국의 국격이 신사도 정신이고, 독일의 국격이 실용주의 정신이에요. 이 모든 것들이 있는 가운데 경쟁력있는 상품을 소비자가 사는 거잖아요? 그런 면에서 국격도 경쟁을 해야 하는데, 과연 우리 국격은 경쟁에서 이길 수 있는가 하는 것이에요. 근데 저는 이긴다고 봅니다. 그 이유를 선비 정신 속에서 찾아내는데 꽤 많은 시간이 걸렸지만 교육을 담당하는 대구에서 거절을 하는 것입니다. 그래서 뒤를 살펴보니까 구린 데가 있어요. 다시 말해서 선비 정신의 발상지가 경상도입니다.

선비라는 것은 조선 500년 동안 다 있었는데, 왜 경상도라고 이야기하는가. 국가가 어려움에 처했을 때를 생각해보면 됩니다. 임진왜란 때 이변이 제일 많이 일어난 곳이 첫째 경상도, 둘째 전라도, 셋째 충청도 순서입니다. 정권을 잡고 있던 서울과

경기도에서만 이변이 안 일어났어요. 웃기는 이야기 아닙니까? 국가를 위해서 목숨을 내놓는 일은 하지 않았다는 것입니다. 제 이야기 맞습니까? 여러분들의 머릿속이 정리되어 있어야 합니다. 저와 함께하자면 제 이야기가 여러분들의 가슴속에서 동의를 얻어내려면요. 일본의 책략에 의해서 우리가 나라를 빼앗겼을 때 독립투사가 가장 많이 나온 곳이 경상도입니다. 특히 경상도 북부지역. 이름을 대면 수백 명이 되니까 일일이 그 이야기할 생각이 없습니다. 전체의 45%가 경상도 사람입니다. 독립투사들, 자결한 사람도 경상도입니다. 근데 나라를 팔아먹고 모든 국가의 부를 가졌던 서울, 경기도 관청의 사람이 많아요. 그러나 경상도 사람들에 비하면 아주 적은 겁니다. 그래서 역사가들이 연구를 해서 만들어 놓은 게, 이게 왜 경상도에만 쏟아질까, 원인이 뭘까. 바로 선비 정신입니다.

여러분들, 영남대학교의 정신이 최 부잣집에서 만든 학교에서 시작되었다는 사실을 알고 계십니까? 내가 여러분들에게 물어보겠어요. 경주의 최 부잣집의 소유예요. 아시는 분 손들어보세요. 십 분의 일도 안 되잖아요. 이게 영남대학교의 교육이 문제가 있는 것이죠? 한번 생각을 해보세요. 최 부자가 12대에 걸쳐서 만들었는데 법칙을 정했어요. 이 당파 싸움에 걸리면 귀양을 가고 하니까 벼슬하지 말아라. 단, 진사 급제까지는 해야 한다. 다시 말해서 소과라고 해서 그 시험에 합격하면 대과를 볼 수 있는 자격이 주어져서 성균관에 합격할 수 있는데 진사에 합격하고 더이상 하지 않는 거예요. 학문적인 소양은 다 갖추었지만 벼슬하기 싫다. 이런 뜻이죠. 그리고 절대로 땅을 사지 않는다. 그래도 우리 집이 있는, 몇몇 땅에 있는 모든 사람들이 한 명이라도 굶어죽으면 내 체면이 말이 아니다, 해서 내 쌀 창고를 개방해서 가져가도록, 매일 가져가도록 허락을 했어요. 요즘 그런 사람이 있나요? 그리고 며느리 보면 삼 년간 무명옷을 입혀서 식사 준비를 다 하게끔 해요. 모든 진정은 가치를 미리부터 알고 있었던 거예요. 최 부잣집에서 마지막 종손이 자기 재산의 반을 뚝 떼어서 독립운동 자금으로 쓰고 나머지 반은 영남대학교 설립에 썼습니다. 자기 후손들을 위해서는 하나도 주지 않았습니다. 이유가 뭘까요? 오늘의 주제와 연관이 있습니다. 고난을 당하고 가난과 시련을 겪어야 그 사람이 클 수 있기 때문이다, 우리 집안이 보존되기 위해서 부자가 아닌 것이 더 낫다는 것입니다. 이러한 교육적인 목표가 선비 정신인데 이것을 영남대학교에 입학한 사람들에게 옳게 안 가르쳤다는 것입니다. 이게 문제가 있습니다. 그렇지 않습니까?

몇 년 전에 영남대학교에서 이 대학을 빛낸 사람들 위원회를 만들어서 선정하는 자격이 있어서 위원회를 맡아달라고 했습니다. 그 위원회 첫날 회의에서, 여러분들께 한 가지 질문을 하고 그 대답이 시원찮으면 이 위원회를 맡지 않겠습니다, 라고 했습니다. 그게 무엇이냐면, 최 부잣집에 대한 이야기를 지극히 잘 표현한 사람이 김정설 선생님이신데, 그분의 이야기를 이 위원회에 있는 사람들이 알고 있는지, 그래서 그 선생님의 책을 이 자리에 있는 사람 중에 읽은 사람이 있으면 손을 들어봐라, 한 명도 없었어요. 그럼 난 못 하겠다. 영남대학교를 세웠던 사람이 어떤 철학을 가졌는가를 옆에서 지켜본 사람이 어떤 책을 썼는지를 모르는 사람이 여기서 무엇을 하고 어떻게 하겠다는 거냐. 나는 하지 않겠다. 난리가 난 거죠. 총장부터 시작해서 부총장, 10명의 회원들이 다 쟁쟁한 사람인데 어떻게 됐겠어요? 그래서 회의비로 풍류정신이라는 책을 다음 달까지 읽고 올 테니까 다음 달부터 이끌어 주십시오, 라고 해서 일 년간 위원으로 활동한 바가 있습니다. 그 김정설에 대한 건 바로, 최 부잣집이 나라를 잃은 우리 입장에서 나라를 구할 수 있는 것은 사람에게 달려있다. 그래서 유학자들을 조직해서 김정설을 일본으로 유학을 시키니까 20세에 유학을 간 김정설이 25세에 일본에서 귀국할 때, 6개 국어를 다 마스터하고 나왔습니다. 동서양 철학을 다 마스터하고 나왔습니다. 이미 들어가기 전에 사서삼경이나 그런 책들을 15살 때 다 공부했습니다. 천재죠? 그런 천재를 일본에 교육시키는 비용 전액을 최 부잣집에서 부담해서 공부를 시키니까 열심히 안 할 수 없잖아요? 그래서 김정설이 25세 때 일본 교수로부터 당신만 한 교수가 없다는 이야기를 듣고, 더 이상 배울 것이 없다고 생각해서 최 부자와 계림학숙이라는 학교를 설립합니다. 그것이 영남대학의 모태가 되어 오늘날 영남대학교가 있는 것입니다.

선비 정신이 올곧게 스며들어있는, 최 부자의 인생철학을 여러분의 머릿속에 집어넣어야 할 이유가 있음에도 불구하고 여러분이 하지 않았다는 것은 문제가 있습니다. 그래서 영남대학교는 선비 정신을 실천하는 학술 도장이라는 결론을 여러분 머릿속에 심어주고, 올바른 선비가 되기 위해서 어떻게 해야 하는 것인가를 여러분들하고 조금 더 다른 차원에서 이야기를 해보고자 합니다. 만약 선비 정신이 대한민국의 국격으로 정해진다면 대한민국은 교육에서 세계 제일의 국가가 될 것이라고 믿어 의심치 않습니다. 여러분 생각은 어떠십니까? 별로 관심이 없으신가요? 영남대학교가 대단한 학교이고 선비 정신이 대단한 정신이라는 것, 이거 하나만 여러분 머릿속에 심어 넣어주고 싶습니다.

오늘 주제로 다시 되돌아가면 한쪽 손을 잃어버린 것부터 이야기를 하겠습니다. 이동건 박사라는 분이 어떤 고난을 겪고 살아왔는가 아실 수 있을 겁니다. 제가 대륜고를 나왔는데, 고2때 화학 실험을 하다가 폭발 사고로 인해서 손을 잃고 시력도 저하되고 얼굴도 2도 화상을 입어서 6개월 동안 병원에 입원해있었습니다.

근데 사람이 살려고 하니까, 그렇게 기회가 오더라고요. 여러분들 화상을 입으면 흉터가 심하게 남아요. 얼굴에 전체에 화상을 입었는데 제 얼굴이 그렇게 보이지 않죠? 피부 이식술 때문에 살아남았습니다. 대한민국에서 최고로 피부 이식을 잘하는 곳이 경북대학교입니다. 운수가 좋으려니까 환자 한 명이 전신 3도 화상을 입어서 그 병원에서 수술을 받고 입원했는데, 집도의가 경대병원을 졸업하고 미국 가서 피부학계에서 화상 치료로 세계적인 권위자가 된 분이 계셨어요. 대한민국 재벌의 아들이 3도 화상을 입었는데 미국 가서 치료를 받기 보다는 그 선생을 모셔 와서 치료를 받는 것이 좋겠다고 생각해서 모셔 왔을 때 제가 이분을 만난 것입니다. 배에 상처가 남을 걸 면한 것입니다. 한번 생각해보세요. 손 하나 없는 것으로는 살아가는 데 어렵지 않아요. 근데 얼굴이 화상을 입으면 모든 관계를 할 수가 없어요. 매일 아침 거울 속에 모습이 그렇게 보기 싫으면 자기 자신이 싫어질 수밖에 없잖아요?

말이 나온 김에, 대한민국은 장애자가 살 수 있는 터전이 못 됩니다. 제가 사고 이후에 죽기로 결심했던 일이 있었습니다. 매일 한 번씩 대변을 봐야 하잖아요. 대변을 누면 매번 휴지로 닦아내야 하잖아요. 그런데, 지금은 기술이 있어서 쉽게 할 수 있지만 우리가 고등학교 다닐 때는 새끼줄로 뒤처리했었어요. 도시에서도 헌책, 헌 신문을 사용했어요. 근데 부드럽지 않은 휴지를 가지고 접어서 한 번에 닦아내야 하는데, 여러분 한번 상상해보세요. 가능한가요? 접으려고 하면 결국엔 무릎에 대고 종이를 접어야 하는데, 그 놈의 똥이라는 게 된 날도 있고 진 날도 있잖아요. 진 날에는 어떻게 되겠어요. 옷에다가 묻히잖아요. 하루에 한 번씩 겪으면서 이게 살 가치가 있나, 정말 살고 싶은 마음이 없었어요. 그래서 내가 내 동맥을 끊으려고 결심을 했던 적이 있었어요.

근데 어느 날 갑자기 머릿속에 나를 키워준 아버지, 어머니한테 도리가 아니다. 가난한 집안에 태어나신 우리 아버지, 어머니는 나를 공부시키기 위해서 평생을 점심을 안 드셨어요. 점심을 굶으면서 자식의 교육비를 대려고 칠성시장에서 땅콩 장사를 하셨는데, 부모님 가슴에 못을 박고 내가 죽어서 되겠냐. 살아보자. 죽을 수 있다면 살 용기도 있는 것이잖아요? 동맥 끊으려면 어떻게 해야 해요? 손이 없는 사람의 입장에선 쉬운 일이 아니죠. 한쪽 손이 없다는 것은 죽는 것마저도 어렵다는 것이죠.

그러나 부모님을 생각하고 살기로 마음먹었는데 현실은 잘 안되는 겁니다. 현실하고 이상하고가 합체가 안 되는 거에요. 그래서 분석을 해보니까 내 가슴속에 싹트고 있는 부정적인 생각을 긍정적으로 바꾸지 않고는 이 어려움을 도저히 이겨낼 수 없다, 그래서 긍정적인 마음을 먹도록 하는 데 모든 것을 집중하기로 했습니다. 그때부터 새벽에 산에 올라가기 시작했습니다. 꼭대기까지. 그렇게 하다가 보니까 재미가 없어질 때가 오더라고요.

그때부터는 테니스를 시작했습니다. 여러분 이 강의를 듣는 사람 가운데 테니스를 쳐봤거나 라켓을 잡아 본 사람이 있나요? 왜 이 이야기를 하느냐. 테니스를 칠 때 오른쪽으로 받아치는 것과 왼쪽으로 받아치는데, 라켓을 바꿔 잡아야 해요. 그러니까 양손으로 하면 0.1초 내에 자동 반사적으로 할 수가 있어요. 그런데 한 손으로 하면 박자가 맞지 않아 똑바로 못 쳐요. 그것을 내 마음대로 사용하는데 5년 걸렸어요. 강서브를 넣기 위해 서브 연습하는 데 5년이 걸렸습니다. 대륜고등학교 동창회 경기에 나가서 준우승을 했습니다.

아내와 한 달에 한 번씩 세계 일주도 했습니다. 왜 이야기를 하냐면 세계 일주를 했다는 것을 자랑으로 삼으려고 하는 것이 아니라, 부정적인 마음을 긍정적으로 바꾸는 게 그런 것이라는 이야기이죠. 어떤 곳을 꼭 가야 하는데 7년 연속으로 간다는게 쉽지 않은 일이죠. 여러 가지 장애물들이 많습니다.

산길 20킬로를 타자면 어느 정도인지 아십니까? 여러분 운동 안 하지요? 산 안 타지요? 그렇게 해서 어떻게 여러분의 건강을 어떻게 맑게, 곱게 가꿀 수 있겠습니까? 자신에 대한 사랑이 이렇게 없어서 건강을 어떻게 유지합니까? 건강이 없으면 공부를 어떻게 합니까?

긍정적인 마음을 키우기 위해서 남들이 못 한다는 것을 첨가했어요. 스키도 아무것도 잡지 않고 발로만 해서 내 아이들 전부

다 스키 가르쳤어요. 그거 자랑하려고 하는 것은 아니잖아요. 안 되는걸 되도록 하는, 부정적인 마음을 긍정적으로 바꾸는 도구로 테니스, 등산, 스키가 쓰였다, 그런 이야기이죠. 그것도 한 해, 두 해가 아니고 성한 사람도 몇 년 걸리는데 장애자가 하려면 10배 이상의 노력을 해야 하죠. 한 가지 더 이야기를 하면, 사업하는데 골프가 필요해요. 오른손 한 손으로 골프를 친다는 것은 불가능한 일 아닙니까? 오른손 한 손으로 싱글을 쳤습니다. 양손으로 골프 치는 사람은 8~90% 한 손으로 못 해요. 그런 것들이 부정적인 마음을 긍정적인 마음으로 바꿔주는데 엄청난 역할을 해요.

여러분에게 꼭 심어주고 싶은 게, 안 된다는 부정적인 생각을 하지 마세요. 여러분, 할 수 있겠어요? 영대인은 해내야 하는 것입니다. 환경이 어려운 것, 그건 문제가 되지 않아요. 이야기를 하나 더 해야 하는데, 시스템이라는 말을 들어보셨나요? 여러분 강의를 마치고 인터넷 검색을 해보세요. 굉장히 많은 이야기가 숨겨져 있습니다. 베네수엘라라는 석유가 많이 나는 나라가 있습니다. 석유 생산율이 매출 2위로 올라간 적이 있었는데 독재국가가 다 점유해서 국민들이 엄청 가난하게 살았어요. 그래서 베네수엘라의 수도로 모든 사람이 다 몰려드니까 수도의 4분의 3은 다 빈민가입니다. 빈민가에서 자란 애들이 다 폭력과 마약에 묻혀 살아갑니다.

젊은이에게 희망이 있나요? 여러분 지금 흙수저, 금수저, 헬조선 이야기하잖아요. 정말로 건방스러운 이야기입니다. 카라카스에 있는 어린아이들이 헬베네수엘라라고 하지 않아요. 아버지, 어머니가 마약을 하면 그 자식이 어떻게 되겠어요. 쓰레기 더미에서 먹이를 찾아서 겨우 먹고 사는 정도인데. 그런데 그 베네수엘라에도 국가와 국민을 걱정하는 경제학자 한 분이 계셨어요. 우리나라가 영원히 마약에 노출되고 이런 식으로 살면 미래가 없다. 이걸 벗어나야 한다. 그래서 음악 교육을 시키기 시작했습니다. 음악 교육을 시켜서 악기를 연주하게 하고 노래를 부르게 하고 또는 지휘법을 익히도록 해서 청소년 심포니오케스트라를 만들어줬어요. 그 결과 전 세계 유명한 음악가 계열 속에 대표적인 사람 8명이 베네수엘라 사람입니다. 지금 유명한 음악가가 전부 다 그 나라 사람들입니다.

그렇다면 한번 생각해보세요. 아버지가 마약 중독자인데 거기에 태어난 자식이 훌륭한 음악가가 된다는 것이 가능한가? 상상이나 할 수 있는 일이에요? 그런데 교육이 그것을 가능하게 했어요. 방법이 뭐냐? 부정적인 마음을 긍정적으로 바꾸기만 하면 그 일은 이루어진다. 그래서 '진인사대천명'이라는 말 들어보셨죠? 사람으로서 할 수 있는 최선을 다한 후에는 오직 하늘의 뜻을 기다린다는 얘기입니다. 또, 주자 책 속에 나오는 이야기인데 정신을 한곳에 집중하면 어떠한 일도 꼭 이루어진다. 그래서 부정적인 마음을 긍정적으로 바꾸는 데 필요로 하는 것은 여러분들이 긍정적인 마음으로 바꾸려고 생각하는 것에서 출발합니다.

여러분 전부 다 흙수저라고 생각을 하지만, 카라카스의 아이들, 그 사람들이 흙수저라면 여러분은 금수저잖아요. 그렇지 않아요? 그런데 빈민굴에 있는 아이들은 공부를 하고 싶다, 음악 공부를 하고 싶다. 이러한 염원들이 나는 행복하고 싶다, 라고 생각하는 사람이 대부분인데, OECD 국가에서 청소년 자살률 1위 이게 말이 됩니까? 왜 이런 일이 생기는 겁니까? 어려움을 모르기 때문입니다. 그래서 조그마한 일로 좌절을 해버리고 자기 자신을 사랑하지 않고 방치해서 내팽개쳐 버리는 것입니다.

제가 여러분에게 강의를 하는 가장 큰 이유는 영남대학교가 세계 최고가 되려고 하면 인류마저 사랑하는 스무 살의 여러분들이 부정적인 마음을 긍정적인 마음으로 바꾸고, 우리의 선조들이 해왔던 선비 정신으로 무장을 해서 내 자신을 사랑해야겠다. 그런 다음에 내 자신이 옳게 크기 위해서는 자기 수련을 해야겠다. 여기에 그 해답이 있는 것입니다. 그래서 내 이야기를 들려주고 싶어서 이 자리에 왔습니다. 그 시스템화가 얼마만큼의 효력을 발생하게 했냐면 베네수엘라의 대학생 75%가 그 출신이라는 사실입니다.

여러분이 강의가 끝난 뒤에 인터넷으로 검색을 해보세요. 어떤 사람이 시작을 했고 거기에서 배출된 유명한 음악인들이 주저리

나옵니다. 그리고 시스템화가 영화나 만화로 만들어졌다는 사실을 알게 될 것입니다. 그러면 여러분이 '나는 흙수저야, 나는 금수저를 따라갈 수 없어.' 라는 생각을 바꾸게 됩니다. 과거, 현재, 미래에 대한 정의를, 과거에 내가 어떤 일을 어떻게 결정을 했는가 하는 것들이 다 모여서 나타난 것들이 현재입니다. 부정적인가, 긍정적인가에 따라서 미래가 밝기도 하고 어둡기도 한 거예요. 과거에 내가 내린 결정, 공부 열심히 해서 서울대학교에 들어가고 싶었는데 현실적으로 안 이루어졌다. 왜, 바로 부정적인 마음 때문입니다. 1등 하는 그 친구가 있는데 나는 도저히 1등을 못 해. 그 마음이 그렇게 안 되도록 만드는 거예요. 여러분들한테 어떤 학식을 심어주는 것, 이것도 소중합니다. 그러나 그것보다 더 소중한 건 어떤 계기가 돼서 여러분들의 정신 일부를 고쳐주고 이것을 실천하도록 만드는 것이 필요합니다.

오늘 퇴계 선생 이야기를 여러분께 조금 하고자 합니다. 그러면 어떻게 하나. 현실을 긍정적으로 바꿀 수 있느냐. 긍정적으로 모든 일이 잘 풀리면 좋겠어. 그런데 어떻게 하면 되는데요. 내가 연구한 성학십도 속에 퇴계 선생의 방법이 있어요. 그래서 이 이야기를 하고자 합니다.

퇴계 선생은 1501년에 태어나서 1570년에 돌아가셨습니다. 그래서 연도 보기가 편해요. 1살에 태어났어요. 외우기가 수월해요. 퇴계 선생이 훌륭한 정치가고, 시인이고, 교육자고 등등이었다는 것은 다들 아는데, 퇴계 선생이 얼마나 불행했는지는 몰라요. 대표적인 게 5가지 있어요.

태어난 지 6개월 만에 아버지께서 돌아가셨어요. 글씨도 쓰지 못하는 문맹의 어머니 밑에 자랐어요. 6남매의 막내였어요. 막내라는 것은 부모로부터 혜택을 전혀 못 받았어요. 어머니가 호로자식이라는 소리를 들으면 안 된다고 해서 열심히 가르쳤어요. 인성은 바르게 자랐어요. 24세가 되도록 과거 시험도 계속 떨어졌어요. 34세에 대과급제 했다는 것은 요즘 말하면 50세나 마찬가지였어요. 그 긴 시간 동안 얼마나 고뇌가 컸을까요? 고시 공부하는 사람들 몇 분 계시죠? 고시 공부하는 사람 만만치 않죠. 괴롭죠. 그걸 50세까지 한다고 생각을 해보세요. 그리고 20세에 결혼을 했죠. 27세에 둘째 아들을 낳고, 허 씨 부인이 산후조리를 못 해서 아내가 세상을 떴어요. 아내가 죽은 것까지는 괜찮은데, 갓 낳은 젖먹이는 어떡할 거예요. 자기 어머니를 생각해서 열심히 보살피고 3년 상이 끝나고 권 씨 부인하고 결혼을 합니다. 자기의 숙부, 숙모가 역모에 가담되었다는 누명을 덮어쓰고 능지처참을 당하는 광경을 봤어요. 내 딸이 시원찮다. 그러니 자네가 맡아주면 어떻겠느냐. 퇴계가 고민을 하다가 결심을 하고 맡았습니다. 떡 집어 먹는 것부터 시작해서, 우습게 이야기해서 서울에서 퇴계가 벼슬할 때 도포가 찢어졌는데, "여보, 이거 기워주시오." 했답니다. 그런데 보기도 좋고 해서 패션인 줄 알고 빨간 천으로 때워 기워준 거예요. 근데 퇴계 한 사람이 저렇게 하니까 패션인 줄 알고, 요즘 청바지 찢어진 거 유행인 것처럼, 이것도 유행이 되었습니다. 재미난 이야기죠? 그렇지만 그렇게 불행한 삶을 살았습니다. 머리가 시원치 않은 아내 때문에 걱정이 없는 날이 없었습니다. 47세 죽을 때까지 걱정하며 살았습니다. 요즘 같으면 이혼하고 살았겠죠. 그때는 그렇지 않았습니다. 그 이야기들이 퇴계의 편지 속에 나오는 거예요. 이하명이라고 제자가 있었는데 아내와 사이가 안 좋아서 이하명을 불러서 '내가 편지 한 통을 써줄 테니까 고향 집에 돌아가서 문 앞에서 열어보거라.' 하고 써줬어요. 편지 속에, 나는 이렇게 불행한 생활을 했지만 지금도 아내와 함께 잘 사는 것이 내 인생의 목표이고, 내가 한 행위가 잘한 행위라고 생각을 하고 지금까지 지내왔다. 그렇지만 자네가 성격이 안 맞는다고 해서 아내를 그렇게 버리는 것은 잘못된 일이니 고치거라. 그렇게 썼어요. 그래서 그 제자는 크게 뉘우치고 아내와 금슬 좋게 살았습니다. 그 아내가 퇴계 편지를 읽어보고 감동을 받았습니다. 퇴계 선생이 돌아가셨을 때, 삼년상을 지내는 거예요. 그게 소개되고 있습니다. 그렇게 사셨어요. 거기다가 둘째 아들이 20세에 정혼을 하고 죽습니다. 그래서 퇴계 선생의 둘째 며느리를 재가시켰다는 이야기, 어디서 들어본 적이 있죠? 아들이 자기보다 앞서서 죽었을 때, 그 아버지의 심정이 어땠을까요? 최자라는 이름을 가진 둘째 아들은 태어나자마자 어머니가 죽고, 아버지 사랑도 못 받고, 아버지와 떨어져서 살다가 장가 갈 날을 받아놓고, 혼수 보내고 한 뒤에 병으로 죽어버리고. 그런데 아들이 퇴계 선생의 첫 부인인 허 씨 부인의 집안으로 양자로 들어가서 수양 손으로 지냈어요. 그 집안 제사를 모시려고 들어가서 그 집 재산을 이어받았는데 허 씨 집안에서 사람이 죽었으니까 재산을 내놓으라고 소송을 걸었습니다. 온 나라가 구경거리 났다고, 퇴계 선생이 행실이 바른 줄 알았는데 아니었네, 라는 오해를 받을 일이 벌어진 것입니다. 그러한 일들을 퇴계 선생이 슬기롭게 마무리했고, 이 이야기들은 편지 속에서 발견되었습니다.

그리고 형이 있습니다. 넷째 형인데. 두 분 다 대과 급제를 하셔서 큰 벼슬을 하셨는데 역모로 몰려서 넷째 형님이 죽습니다. 그 시체를 섬에서 안동까지 데려오자면, 옛날에 다리가 있었나요? 시체를 배로 몇 달을 싣고 와야 하죠. 그런 일을 하면서 살아온 퇴계, 과연 행복했을까요? 거기에다가 66세에 창냥이라는 증손자를 봅니다. 이름을 퇴계가 지어줍니다. 그런데 젖이 나오지 않아서 할아버지한테 편지를 보냅니다. 창냥이라고 이름을 지어주셔서 고마운데요. 젖이 없어서 굶어죽게 생겼습니다. 아버님 댁에 있는 사람(종)이 애를 낳았다고 했으니까, 도와달라고 편지를 보냈습니다. 근데 퇴계 선생은 안 된다. 그렇게 되면 우리 집에 있는 그 사람(종)의 아이가 죽어버린다. 엄마 없이 어떻게 살

188

겠냐. 옛날에 좋은 재물이었지 사람 인격 대우를 못 받았던 시절에 부잣집에서는 다 그렇게 했는데, 퇴계 선생만큼은 안 된다 해서 창냥이 영양실조로 죽습니다. 편지에 보면, 이 일을 어찌할꼬, 이 늙은이가 증손자를 죽였네, 그렇게 마음이 상하고 자기 자신이 밉고 마음에 화병이 생기셔서 70살에 돌아가셨습니다. 어쨌든 몇 가지가 더 있습니다만 시간이 없어서 다 소개를 못 하고. 퇴계 선생은 자기의 편지 글에서 어떻게 이야기 했느냐? 모든 것이 다 내 탓이다, 라고 했습니다. 부정적인 것에서 긍정적으로 옮겨가는 것이 겸손입니다. 자기 자신을 낮추면 되는 것입니다. 퇴계 선생이 어떻게 했는지 이야기를 하고 이 강의를 마치기로 합시다.

결론입니다. 부정적인 것을 긍정적으로 생각만 바꾸면 모든 일들이 잘 풀려 나간다. 그럼 어떻게 해야 하나요? 퇴계 선생은 성학십도에서 앞 장에 있는 것을 통해 가르치고 있습니다. 성인이 되기 위해서는 엄청 어렵습니다. 그러나 다음과 같은 단계를 밟아서 하면 성군이 될 수 있습니다, 학이습지學而習知하라입니다. 열심히 공부하고 익혀야 합니다. 또 배운 것을 반드시 실천해야 합니다. 그리고 처음부터 끝까지 다시 한 번 더 되풀이해야 합니다. 다시 말하면 반복해서 실천해야 합니다.

자기 혁신을 퇴계 선생이 얘기했고, 영어에서는 INNOVATION.

여기에서 기억해야 할 것이 다윈이라는 사람이 '종의 기원' 속에서 최초로 이노베이션이라는 단어를 사용했습니다. 이 세상에 존재하는 모든 존재가 살아남으려면 자기 혁신을 해야 합니다. 자기 혁신을 하는 개체나 종족만이 자신의 삶을 이어나갈 수 있습니다.

오늘의 마지막 결론입니다. 여러분들이 꼭 기억해야 하는데, 고난이 없고는 퇴계처럼 유명한 사람이 될 수 없습니다. 고난이 없고는 훌륭한 사람이 될 수 없습니다. 흙수저로 태어난 것이 잘된 것입니다. 부자가 될 수 있는 전제 조건을 미리 가지고 태어난 거예요. 문제는 어떻게 해야 하는가. 부정적인 마음을 어떻게 바꾸느냐. 어떻게 하냐면 계획을 세워 실천하고, 반성해서 실천하고. 그러면 자기 혁신이 이루어집니다. 최 부자가 자기 혁신이 이루어진 분이기에 재산의 반을 떼어서 계림학숙을 세우는 데 준 것입니다. 그 재산을 받아서 학교를 선물해 준 것인데 이러한 선비 정신을 여러분들이 이어받지 않고 누가 이어받겠습니까.

스무 살의 인문학을 공부한 여러분은 이 강의를 듣고 이걸 기억 못 해서는 안 됩니다. '경敬이란 무엇인가 : 집중하는 방법', 이런 것을 여러분께 강의를 해야 금상첨화가 되는데, 오늘 내가 처음 강의고 해서 여기까지만 하고, 퇴계학회 이사장님이 왔다니까 늙은 노인네가 하는 이야기 너무 재미없으리라는 선입견을 갖고 있었는데, 어려운 말 없었죠? 이해가도록 하잖아요. 선배가 후배한테 주는 사랑의 이야기.

처음에는 제가 어눌한 템포로 이야기하다가 지금 여러분의 기를 받아서 아주 크게 열광을 하잖아요. 여러분이 오늘 제게 보내주신 이 기를 영원히 잊지 않겠습니다. 대신 여러분도 이 생각을 잊어버리지 말고, 부정적인 사람에서 긍정적인 사람으로 바뀌어서 그것으로 자기 혁신을 완성해서 여러분이 생각하는 꿈, 그것을 이루기를 바랍니다.

문자도

정병규

정병규 디자인 대표

정병규 디자인 대표, 북디자이너. 프랑스 파리의 에스티엔느에서 타이포그래피를 공부했다. 대한민국 북디자이너 1세대로 국내 출판계 및 그래픽 디자인계에 많은 성과를 이룩했다. 한국 디자인의 정체성을 찾으려는 노력도 활발히 진행하고 있다.

반갑습니다. 작년에, 예술의 전당에서 한국 최초로 '대동문자
도와 책거리' 라는 전시를 했습니다. 그래서 몇몇 유지들, 귀중본
들을 찾아내서 거의 마지막 외출이자 그것으로 끝인 명작들이
나왔어요. 그래서 옛날에 보고, 도판으로도 보고, 실물이 도대체
어떻게 생겼는가 싶어가지고 가슴을 두근거리면서 봤더니 내가
생각하고 상상했던 이상의 작품들이었어요. 그래서 저한테 문자
도에 관한 특강을 해 달라 그랬어요. 보는 것과 생각하면서 하는
것은 또 다르지 않습니까. 그러다가 시간이 제법 한 달 반 여유
가 있어서 한번 살펴보기 시작했더니, 나나 여러분들이나 수준
이 똑같다. 왜 그러냐면 제가 편안하게 이야기하자고 마음을 먹
었는데, 여러분이 눈을 초롱초롱하게 쳐다보면요, 뭔가 조금이
라도 더 이야기하고 싶어지고 그랬는데, 오늘은 아주 확실하게
하겠습니다.

　한국 인문학의 바로미터 수준. 지금 텔레비전에 노자가 어떻
고 이야기하면서 EBS에 나와서 떠드는 인문학자 있죠? 근데 뭘

모르느냐 하면은 세상의 어떤 표현은, 전달은, 모든 인간 행위에서 가장 중요한 표현 전달 행위의 핵심은 언어와 그림이죠. 이미지이죠. 그것이 늘 서로 싸우고 하죠. 그래서 이슬람교가 묘사된 그림을 그리지 않는다든지 기독교의 그노시스, 이런 걸 보며 계속 싸워요. 동양도 마찬가지예요. 동양은 그것을 화해시키는 정말 중요한 그런 배치가 있었다는 사실에 대해서 한국의 인문학자들은 어떻게 설명을 할까요?

도대체 한문으로 된 문자만 가지고 동양을 이해하고 철학을 이해하려니 결과적으로 최종적인 목적의 반밖에 못 갔어요. 인간의 가장 큰 장점이자 역설은 바로 언어이지요. 왜? 언어는 표현할 때부터 인간이 바라고, 그리고, 기원하는 그런 초월론적 이념을 표현할 수가 없어요. 어렵게 이야기하면 칸트가 이야기한 물자체라는 것이 바로 그런 것입니다.

경우의 결정 불가능성, 이런 게 20세기 와서 그렇게 중요하게 각광을 받고 있는 겁니다. 물론 동양에는 그런 이야기들이 오래전에 있었어요. 그런데 포장을 잘 못해서. 자, 지금 말씀은 한국의 지금 인문학은 문자라는 포장에서만 논의되고 있다. 그런데 동네에는 이미지의 동네가 있다. 골대를 세우면 축구를 할 수 있고 베이스를 여러 개 놓으면 야구를 할 수 있는 그런 운동장이 한국 인문학에서 필요하다. 저는 그것을 시각인문학이라고 이름을 지어놓고, 물론 저 혼자 붙여놓은 것입니다. 뭐 그러고 있어요. 재미있어요. 뭐가 재미있냐면 하나는 제가 한문학자가 아니기 때문에 자유롭고, 두 번째는 저거를 저런 이미지에 대한 담론이나 개념이면 1초 만에 풀리는데 글 중심, 문자 중심의 인문학자들, 10년 해도 정답을 못 찾습니다. 또 하나 재미있는 것은 디자인이나 이미지 미술 이런 동네를 보며 문자로 이야기하면 그것도 1초 만에 풀리는데 문자를 우습게 알아가지고 계속 헤매고 있습니다. 그래서 제3의 운동장이 필요하다. 제가 예술의 전당에서 특강을 했어요. 제3의 운동장이 필요한 것이 조선 후기의 실체이다. 이게 학자들의 연구에 의하면 한국밖에 없대요. 근데 학자들이 거기에 대한 확신이 없어요. 쉽게 말하면 중국에서는 대표적인 문자의 이미지성 현장이 '백수백복도百壽百福圖' 그것이고 일본은 얄미우니까 빼고, 한국에서는 그 두 가지가 다 있기는 있는데 사실 백수백복도는 별 볼일이 없어요.

그러면 여러분들, 문자도에 대한 결론은 지금 제가 말씀드리는 걸로 끝이에요. 더 이상 할 것도 없고. 뭐냐면, 18세기 후반에서 19세기를 거쳐서 조선의 르네상스인 영조 시대의 새로운 사회변동, 특히 민중 의식의 확산, 물론 세부적으로 들어가면 상업의 발달, 양반을 사고팔았잖아요? 그죠? 그걸 주민들이 먼저 사겠다는 것이 아니라, 양반들이 먼저 팔겠다는 거죠. 그리고 지방 관청에서도 팔았단 말이죠. 서양에서는 면죄부 같은 거 팔았죠, 그죠? 그쪽이 아이디어 같은 게 참 좋았어요. 신분 상승 정도가 아니라 이걸 사면 천당에 바로 간다. 이 모든 것이 이미지와 문자 관계의 오해로부터. 근데 이 문제는 조금 앞질러서 이야기 하자면 동양, 특히 한국에서 노력하지 않으면 풀리지 않습니다.

이 문자도는 양반과 민중이 같이 소유하게 되었고 이후 전통을 잘 갈무리하지 못하고 20세기에 들어와서 일본의 침략에 의해서 침탈해버렸노라. 더 이상 없어요. 그리고 이제 조금 있다가 보겠습니다만 문자적인 소재는 효, 제, 충, 신, 예, 의, 염, 치. 이 여덟 자가 유교의 핵심 키워드이죠. 한 자씩 되어 있습니다. 이 여덟 자를 근거로 해서 문자도가 전개되고 있다. 이게 기억해야 할 요소입니다. 효, 제, 충, 신, 예, 의, 염, 치를 잘 이해시키고 이데올로기화, 교육화 정책으로 가지고 만든 이야기들이 있어요. 그 얼음을 다 깨고 잉어를 잡아 달라 그러죠? 효라는 것의 상징이 잉어가 되는 것이죠. 그러니까 효라는 글자와 잉어를 그리면 글과 그림이 만나는 모델이 되는 것이죠. 효, 제, 충, 신, 예, 의, 염, 치에 등장하는 요소들, 사물들 전부 다 유교. 물론 조선은 삼강행실도부터 이미지와 문자를 통한 교육에 철저했습니다.

엄청난 기록이 있는데 우리나라 학자들은 그 기록을 가지고 할 만한 깊이가 있는 것도 아니고 그러다 보니 공부나 자료 조사를 하다보면 엄청난 중요성을 피부로 느끼는데, 쉽게 말하면 조선의 통치 내지는 정권의 도구로서 이야기라는 것에 주목을 할 필요가 있지 않느냐. 이 이야기를 자꾸 하면 홍길동전과 같은 소위

문학에서만 하는 이야기만 찾고, 즉 스토리는 중요시하는데 서사성 자체와 한국의 사상, 어디로 갈 것인가. 대단히 중요하다. 왜? 한국은 중국 사람들과 거의 같은 수준에서 우주 창조 신화가 없는 나라잖아요. 그렇죠? 안 만들어도 된다고 생각했겠죠.

제주도 무속과 무가에 나오는데, 그건 본격적인 게 아니에요. 자 그래서 이 부분은 그렇습니다. 한국 사람들이 가지고 있는 서사 지향적인 identity, 특성, 재주 뭐 이런 거에 해당하는 것이죠. 운동장 이야기 속으로 옮겨가면 새롭게 무언가가 보이지 않겠느냐. 이 부분의 연결 속에서 왜 문자도가 이야기를 거드느냐. 자, 이제 하나 더 보태면 아까 말씀드린 그것은 학계에서 이야기되고 있는 중입니다. 그게 다예요. 더 이상 없어요. 괜히 자료 찾아보고 그러지 마세요. 시간만 낭비해요. 제가 다 했어요. 하나 더 보태면 이런 질문이 가능하죠. 효, 제, 충, 신, 예, 의, 염, 치를 시각적으로 표현하는 것에 여러 가지 방법이 있는데 문자의 언어적인 한계를 넘어서는 입장에서 그림을 그렸다는 것이 이게 굿 아이디어죠.

우리가 글로 안 되는 걸 그림으로 하는 거잖아요. 자, 평화는 그릴 수 없습니다. 이건 문자로밖에 안돼요. 평화를 그릴 수 있어요? 인간이 평화를 그린 건 하트밖에 없습니다. 큐피드 화살 같은 거요. 아, 그건 사랑이죠. 평화는 비둘기에다가 월계수 물리는 것 그것밖에 없어요. 세계적으로. 사랑도 마찬가지이지요.

그러면 그림으로 안 되는 건 무엇으로 해야 한다? 이야기로 해야 합니다. 언어로 해야 해요. 두 번째, 그림으로 안 되는 게 있어요. 특히 사랑과 관련된 이야기는 문학의 핵심인데 전부 다 언어로 되어 있어요. 문학으로 되어있죠.

반대로 언어가 할 수 없는 게 있어요. 다른 모든 걸 동원해도 안 되는 게, 아주 쉽게 말하면 color입니다. 색깔이요. 빨간색. 빨간색을 우주인한테 설명을 하려고 아무리 써보세요. 안 되죠. 아까, 인문학을 할 때, 이미지와 문자의 관계를 얘기하면서, 제가 아까 1초 만에 안다고 그랬는데, 딱 보여주면 1초 만에 끝나잖아요. 이 세상은 두 가지로 되어 있는데, 재미있는 것은, 그 한계를 돌파하기 위한 인류의 창, 또는 예술의 영역이 끊임없이 이어지고 있다. 이렇게 예술을 보면 어떨까? 이것에서 서양에서 벗어나기 시작하는 거죠. 그러니까 이렇게 이야기하면 이거 아무것도 아닌데 어렵다고 그러고, 예술의 전망, 혹은 사람의 예술의 정원과 같은 이야기는 실질적으로 제가 아까 말씀드린 이미지와 문자의 관계로 하면 쉽게 풀려져요.

그래서 영원히 죽었다 산다. 헤겔의 예술의 정원은 뭐죠? 낭만주의의 끝이다. 이렇게 교과서에 되어있죠? 이런 현상이 한국에도 그대로 반복될 수밖에 없다. 왜? 이건 인간의 문제이지, 지역이나 시대의 문제가 아닌, 다시 말해 보편적인 차원의 인간의 속성이다. 자, 이렇게 생각해보세요. 문자도도 태어났을 때 새로운 예술로 태어났다고. 요즘 예술이 어떤데 아직까지 예술의 자격증을 못 얻고 있습니다. 이것도 문자적인 것의 한계와 이미지적인 것의 한계가 서로 만나서 화합해서 짜고 치는 고스톱이 아닙니까? 이렇게 보면요. 문자도가 갑작스럽게 대단해지고 그리고 무슨 헤겔도 나와라, 누구도 나와라 다 불러낼 수가 있습니다.

조선의 사회적인 변동, 자본주의의 부를 여기에 다 가두어 놓으니까 수준이 떨어졌다는 겁니다. 더더욱 안타까운 것은 전통적인 한국사나 예술을 제대로 하는 사람은 이제는 문화와 문자도를 정식으로 연구를 하지 않습니다. 그래서 몇 사람들이 연구를 하니, 소위 말해서 엘리트들이 아니에요. 제가 어떻게 압니까? 본인들이 그러니까 알죠. 그러니까 거꾸로 이야기하십시다. 근데 그 선배들이 한 이야기들이 재미있는 것은 "이것은 세계적인 수준의 새로운 예술이다."라고 다 이야기합니다. 글로 다 써 놨어요. 답답한 것은 왜 세계적인지 이야기를 하지 않아요. 그냥 세계적이라고 합니다.

개화기 초기인가, 민화를 발견해서 프랑스로 몽땅 싣고 간 사갈린, 그런 친구가 너무 괜찮은 예술이야, 세계에서 이런 예술은 처음이야, 가져갈 때 너무 미안했나 보죠? 그걸 증거로 많이 드러내요. 이게 세계적이다. 옆에 적어놨다가 책을 꼭 찾아봐야 해요. 대학생들이 용기도 없어. 밖에 나가서 취직도 안 된다 그러고. 그 양반이 그랬어. 근데 조선 사람은 모른다. 야, 이거 답답하지 않아요? 저거 다 가져가면서. 그냥 가져갔으면 좋은데, 우리를 아주 우습게 만들어놓고 자기들은 안목이 있다는 거지. 안다 이거지. 지금 민화의 명작은 어디 있다? 일본하고 프랑스, 독일에 있습니다.

자, 지금 얘기는 이런 이야기입니다. 세계적인 새로운 예술이다. 왜? 지금까지 우리나라의 인문학으로는 해결 못 하니까 대단하다거나 별 볼일 없다거나, 이 두 가지 중 하나죠? 이해가 안 되고 설명이 안 되면 그렇잖아요. 웃긴다 그러든지 뭔가 있다든지, 그런데 시작했어요. 근데 답답한 거는, 여러분들이 할 일입니다. 세계적인 사람이 되는 방법. 세계적인 스타가 되는 방법. 지금 제가 이야기하겠습니다. 세계적임을 이야기하면 그 사람은 세계적인 사람이 된다. 누가 한번 도전해보세요. 대강 해도 돼요. 아무도 안 했으니까. 자, 그래서 이제 세상의 혁명적인 운동이 작품으로 시대와 함께 다른 예술의 영역과 어깨를 겨루고 나아가서 동양의 그 당시의 국제적인 정세와 상황, 나아가서는 세계적인 수준에서 우리의 민화와 문자도가 탄생했다는 것은 정말 한번 해볼 만한 일이고, 예술은 논리나 전개된 이념보다 앞서서 등장하고 있다. 지금도 우리는 못 밝히고 있다는 거죠. 그런데 아직도 조금 전에 말씀드린, 그때 세상이 조금 물렁물렁해서 뭔가 새로운 게 나오긴 나왔는데 잘은 모르지만 외국 사람이 보기에 대단하다고 그러더라. 그래서 조금 더 포장을 해서 아예 그냥 세계적인 예술로 부르기로 하자, 라고 합의를 해놓고 말씀드린 대로 왜 그런지는 글쎄요, 답답해 죽겠어요.

이 문자도 현상은 말씀드린 대로 18세기, 19세기 전후의 세계사적인 발아 분출의 그것이 주석이었다, 이렇게 보면 뭐하고 맞먹을 것 같아요? 우리의 문화 중에 무엇하고 맞먹을 것 같아요? 자, 훈민정음처럼 맞먹을 만한 것이 세계적으로 몇 개가 있어요. 훈민정음, 이게 문자도이죠?

또 무엇이 있을까요? 동의보감. 김연아. 그죠? 왜냐면 평창 올림픽 너무 가라앉았어요. 김연아가 없는데요. 떠오르지 않아요? 밤에는 전 국민이, 학생들이 책상에서 뭐 안 떨어지게 합니다. 야, 나도 얼마나 조심했는지. 남들이 보면 들킬까 싶어서 조심하고 목소리도 크게 안 내고. 그래서 김연아는 대단한 스타예요. 그 이후에 일상적인 텔레비전 광고에서의 김연아와는 비교가 안 돼요. 정말 위대한 한국의 스타였죠. 지금 이야기가 무엇이냐 하면, 세계적인 것이 한국에서 무엇이냐, 지금 그 이야기 하고 있어요. 스포츠 스타 중에서 김연아 같은 스타가요.

미술관에 가면은 백남준. 가만히 보면 있는데도 모르는 것 같고, 무슨 이야기냐 하면은 이제는 물건만 가지고 되지 않습니다. 반드시 학문적이고 이론적인 담론이 같이 붙어야죠. 그렇게 하지 않으면 예술이 될 수가 없어요.

여러분 참고로 앤디 워홀이 1964년에 발표한 '브릴로 상자' 라는 것이 있죠. 세탁비누를 상자에다가 쌓아놓고 제목 적어놓고 돈 내라고 합니다. 물론 이거는 변기에다가 사인한 뒤샹이랑 같겠지만 크게 보면, 그걸 누구든지 할 수 있는데 그것에다가 미술이론이라든가 글을 썼잖아요. 그게 진정한 예술이죠. 그 글 중에 재미있는 것 하나만 기억하십시오. '이제는 예술 작품과 일상적인 상품의 경계가 없어질 시대가 왔다.' 얼마나 멋있어요? 그러면서 나는 구별할 수 있다, 라고 글을 써서 유명하게 되었어요.

그 사건 이후에 이제는 독자적으로 작품 스스로 예술이다 하는 것은 없어졌어요. 그래서 생긴 담론이 언제 예술이 되느냐 이런 명제가 생겼잖아요. 아무것도 아니에요. 제가 오늘 대구 온다고 마음이 편해서 그렇지 진짜 아무것도 아닙니다. 예를 들면 고려청자는 국립박물관에서 대고려시대라는 큰 틀에서 전시를 준비하고 있는데, 고려청자가 어느 날 예술이라고 하죠? 어느 누구도 인정할 수 없는, 세계적으로라도. 고려청자가 어떻게 해서 예술이 되었는가를 자세히 연구를 해서 글을 쓰고 번역을 하고, 앤디 워홀은 고려청자가 예술이 된 과정을 보고 팝아트 아이디어를 냈다. 이게 실력인 거예요. 이게 인문학입니다. 언제 예술이 될 것인가 라는 명제를 만든 사람은 넬슨 굿맨이라는 사람입니다. 참고로. 지금 이제 모든 것이 예술이 언제 되느냐, 어떻게 되느냐, 여기에 있어요. 예술 그 자체가 예술이 아니에요. 어렵게 말하면 예술은 실체적으로 보면 안 된다, 이렇게 헷갈리게 이야기하는 겁니다. 예술 자체에 예술 그 자체가 들어있는 게 아니라는 말입니다. 예술도 만드는 것이지. 어떻게? 머리를 써서, 책을 써서, 논문을 써서.

서양의 책을 보면 1950년대 이후 현대미술이론이 수도 없이 나왔지만. 머리 좋은 사람은 아이디어를 얻었겠죠. 자기가 머리가 좋은지 안 좋은지 앞으로 큰 학자가 될 가능성이 있는지 없는지, 제 말을 듣고 판단하세요. 내가 이야기하는 것은 우리 문자도가 바로 그것이구나. 문자도 자체에 그 안에 예술이 있는 것이 아니고 그것을 예술로 만들어야 하는구나, 라고 생각하시는 분 있으면 친구들하고 집에 갈 때 한잔하고 가세요. 세계적인 수준, 예술이라고 이야기할 수 있는 것은 문자도 자체에 있는 것이 아니고 외부 담론의 공간 속에 있습니다.

한국의 인문학자들이 정신 좀 차려라, 공부를 제대로 하라,고 합니다. 여기서는 고향이라서 큰소리쳐도 되지만 서울 가서는 인문학자들이 관심을 가져야 한다, 라고. 참 안타깝습니다. 그래서 여러분이 오늘은 요런 전제 조건을 가지고 딱 기억할 것은 첫째, 한글과 맞먹는 것이다. 저는 문자도와 한글이 어떻게 같은지, 어떤 가치를 공유하고 있는지, 이거 제가 아마 앞으로 해야 할 공부 중 하나입니다. 대신 저는 책이 별로 없어요. 그러나 생각해볼수록 와, 어떻게 그렇게 같은지. 신기하게 같다. 두 번째는 고려청자의 예를 들었습니다만 여러분들이 만드는 것입니다.

근데 이미 프랑스 사람, 일본 사람, 높은 관직에 있던 자들이 현 세기에 이것이, 제가 이런 이야기를 했어요.

동아시아 전체를 품어왔고 열 개 팔을 펼치면 새로운 길, 문을 앞서서 우리의 18세기 예술의 그 대표적인 문자도는 빛을 발하고 있다. 자, 이때가 한국에서 새로운 문예부흥이라는 겁니다. 판소리 같은 거. 판소리와 오페라. 비슷한 형식이지만 전혀 다릅니다. 우리 전통 한국의 identity 이런 게 있을까. 그다음 탈춤입니다. 그러니까 탈춤을 추니까, 아 이거는 연행의 장르구나. 연행. 연극과 행동이라는 뜻입니다. 이것은 서양에 없는 장르이지요. 그 후 사설시조가 등장하지요. 이게 짜고 치는 고스톱입니다.

그리고 유명한 이야기는 정조가 '책가도' 라는 것을 그리게 됩니다. 오늘은 내가 이미지를 안 가지고 왔는데, 있긴 있어요. 조선의 왕을 상징하는 옥좌, 의자 뒤에 '일월오봉도' 인가? 그런 그림이 있죠? 그게 왕을 상징하는 그림인데 정조가 그렸던 그림입니다. 이거 치우고 민화를 그렸다고 하죠. 사설시조 쓰는 사람, 판소리 하는 사람, 탈춤 추는 사람, 문자도 뽑은 사람, 굉장히 웃긴 게 미술사에서는 본을 가지고 그린 걸 창조가 아니다, 라고 그래요. 플라톤이 이야기한 이데아가 바로 본이다, 이 말이에요. 보이지 않는, 열심히 생각할 수도 있고 잘못하면 사기도 당할 수 있는데, 실물은 있는데 본은 안 보여.

근데 물론 아리스토텔레스는 그걸 아, 선생님 이상한데요 하고 딴지를 걸지만 18세기 정도 되면 이데아라는 이분법적 관념론이 나오는데 그거 가지고 영업이 안 돼요. 직접 그려 본을 가지고. 그 힌트가 뭐냐 그러면은, 이게 새로운 제 해석이에요. 효, 제, 충, 신, 예, 의, 염, 치는 유교의 삼강오륜 핵심 키워드임과 동시에 서양식으로 말하면 동양의 아이디어를 근간으로 한 이데아이다. 이데아의 실체이다. 왜? 그림이니까. 멋있지 않습니까? 그런 순간에 효, 제, 충, 신, 예, 의, 염, 치를 서양식 개념으로 이데아라고 규정하는 순간에 문자도는 어디로? 인류 보편적인 차원의 예술적인 영역으로 기입됩니다. inscription. 그와 동시에 유교의 새로운 면이 드러난다. 유교를 어떻게 그냥 단순한 인문학식으로 얘기하지 않고 새롭게 얘기할 방법이 뭘까? 이 얘기의 상당한 부분은 동양철학 하시는 분들한테 배웠어요.

그리고 내가 또, 비밀스럽게 공개할 게 하나 더 있어요. 아까 내가 탈춤, 판소리, 사설시조, 이런 얘기를 다 했는데 그때 한국 사람들이 스케일이 크잖아요. 철학, 사상. 이런 것도 새로움으로 포장한단 말이야. 그게 바로 양명학이야, 양명학. 최재목 교수 양명학 책 산 사람 몇 사람 없을 거야. 되게 안 팔리더라고. 근데, 책을 사서 다 보는 바보가 어디 있어요. 필요한 몇 군데 보면 되는데, 양지가 뭔지 아세요? 도가니탕집에 있는 게 양지머리인가? 뭐, 여러분은 그렇게는 생각 안 하겠죠.

자, 아까 얘기한 게 맞지 않습니까? 새로운 유교의 개념이 이제 한국에 제대로 뿌리내린다. 강화학파 정제두, 보따리 싸서 강화도로 내려가고, 하여튼 급격한 변화가 옵니다. 동시에 뭐가 들어와요? 서학이 들어오죠. 천주교, 기독교가 들어오죠. 그리고 추사 김정희가 이 전체의 정화, 에센스가 문자도이다, 라고 얘기하고 넘어가죠. 물론 다른 분야, 판소리하시는 분들은 판소리가 가장 에센스다 이렇게 얘기해야 해요. 그래야 같이 어깨가 넓어지니까, 세상이 넓어지니까, 보니까 여기 경제, 농업 등 전부 다가 그때 다 걸려있어요.

옛날에 한국의 농업사를 다시 연구했던 이용섭 선생, 그 당시 대단했는데, 그리고 양반 숫자가 10명 중에 한 명이었던 것이, 하도 영업이 잘 되고 많이 팔아가지고 영·정조 시대 후기 가면 한국 사람 10명 중 6명이 양반이야. 좀 심했죠? 너무 많이 뿌렸어. 화끈한 민족이야. 다 그렇게 하는 거예요. 오만 거 다 하고 그래서 소위 보이지 않는 개혁이 일어나고, 다산 정약용은 진보인 척 했다가, 아이고 안 되겠다 하고 성리학으로 다시 돌아가고, 그리고 우리가 잘 아는 절세 문장가인 연암 박지원, 뭐 그때 다 나오는 거예요.

그런 맥락에서 보면 문자도는 새로운 역할을 할 수밖에 없는 당위성을 가지고 있다. 어쩔 것이냐, 이게 세계적 아니냐, 그렇게 한꺼번에 짜고 치는 그런 고스톱을 할 수 있느냐? 그래서 이제 오늘 강의의 끝은 이겁니다. 문자도를 새롭게 보려고 도전을 해봐라. 이제 설명 충분히 드렸죠? 이제 그걸 디테일하게 어떻게 하느냐 하는 문제는, 그야말로 코피 나게 공부하는 수밖에 없어요. 다른 것 아무것도 없다. 인터넷 백날 해봐야 별 필요치 않는다. 뭐 이런 정도 하고, 큰 구도를 그렸으니까. 나중에 큰 인물이 나오길 바랍니다. 뭐 전공 큰 관련 없어요. 새롭게 일하는 것은. 지금 인터넷 정보의 모든 원형은 책 속에 있어요. 그것의 변형일 뿐입니다. 그런데, 신방과 교수들은 이런 얘기를 안 해요. 왜? 왜 안 할까요? 모르니까. 몰라, 몰라. 책 보고 박사 학위 다 하면서 몰라.

책 『아! 백남준』 디자인할 때 한정판인데, 삼성출판사에서 나왔습니다. 백남준 선생이 한국에서 막 알려지기 시작할 때, 출판기념회를 힐튼호텔인가에서 하는데, 디자인한 사람 있으면 나오라고. 케이크 같이 자르자고. 말이 준비가 되어있어야 가지. 아, 못 가겠다고, 그때 나가서 사진을 하나 찍어야 하는데, 우리가 늘 이렇게 경상도식 겸손을 근본으로 삽니다.

근데 나중에 얘기가, 이 부분이 어떤 책에 보면, 책의 시작 전에 왼쪽 페이지에 그림이 하나 있어요. Frontispiece라는 건데, 이거는 책의 족보에서 이미지의 역할로 굉장히 중요합니다. 상징적으로. 이걸 보면 이 책이 뭐라는지 알 수 있는 딱 한 컷을 여기에 넣어요. 이순신 장군 같으면 거북선을 넣는다든지, 왜? 옛날에는 책을 제본하는 사람들은 글을 읽을 수 없는 사람들, 무식

꾼이 많았어요, 책을 만드는데 이게 무슨 책인지 모르니까, 이동할 때, 수박이 그려져 있으면, 아 이건 수박에 관한 책이구나. 원래는 그런 용이었어요. 이게 나중에 자리를 잡아서 이게 구성요소로 바뀌었습니다. 인터넷 디자인할 때도 이렇게 하잖아요. 그죠? 똑같아요.

백남준 선생이 세계적인 분이신데, 한국에서 디자이너 한 명이 자기 책을 냈는데, 그렇겠죠? 근데 이 책을 딱 보니까 Frontispiece가 딱 나와 있으니까, 이거 괜찮은 북 디자이너구나, 핵심을 찍어냈구나. 그래서 나오라 그랬다고. 진작 얘기했으면 내가 나갔지. 지금 이제 돌아가시고 후회가 됩니다만 박물관협회 회장하시는 김종규인가 부지런한 분이 있어요. 오만 군데에 다 등장하시는 분. 그분이 늘 만나면, "정 형, 우리 백남준 만들 때 말이야." 만들 때 별로 나타나지도 않으셨는데, 늘 그러시더라고요. 요즘, 그저께도 만났어요.

여기서부터 이제 타이포그래피, 제가 82년도에 프랑스에서 에스티엔느 대학에서 공부를 했을 때, 답답했어요. 서양적 활자, 지극히 그 규격이 있고 미세하고 섬세하고, 1포인트가 얼마 인지 알아요? 서양 타이포그래피 활자의 단위가 0.3251 뭐 이런 mm야. 쉽게 말해서 1/3mm야. 하루에 머리카락이 1포인트씩 자라는 거예요. 한 달 지나면 머리가 3cm길죠? 머리 깎아보면. 그래서 제가 지금 한이 맺히는 거예요. 저놈의 서양 알파벳을 어떻게

혼을 내주나, 그거예요. 그러니까 구텐베르크가 한 일은 문자를 활자의 감옥에 가둔 거예요. 근데 그걸 근대 모델이다, 인쇄의 어떻다. 여기 루이스 멈퍼드 좋아하시는 박홍규 교수, 그 양반이 번역하신 『예술과 기술』 거기에도 다 나와 있는 거예요. 서양의 가장 기본, 근대 사유의 본, 모델은 인쇄 기술이라고 말해요. 근데 그건 활자를 감옥, 문자를 감옥에 가둬서, 활자를 활자로 만든 전제 조건 하에 성립된 근대의 패러다임이다. 근데, 동양의 문자인 한자와 한글은 거기 들어가면 안 돼요. 죽어버리는 거죠. 왜? 그렇게 생각하냐면, 아까 말씀하신 한글과 문자도는 연결이 안 돼. 그게 근대 활자의 감옥에서 나오면 어디로 간다? 문자도와 한글은 같이 만날 수 있다.

왜? 하나 힌트를 더 드리자면, 한글의 철학이 바로 유교에요. 성리학이에요. 철저해요. 그런데, 문자도의 이데아가, 이제 이데아라는 말 써도 되겠죠? 이데아가 몇 개? 8자로 효, 제, 충, 신, 예, 의, 염, 치. 이게 유교 성리학의 핵심이에요. 같은 거예요. 같은 공장에서 나온 거라고요. 이렇게 얘기하니까, 아 그렇군, 하죠? 이거 한국에서 처음 얘기하는 거예요. 여러분들만 아는 거예요. 절대 다른 대학 학생들에게 얘기하지 마세요. 박사급 막 나와 버려요. 이 조선을 새롭게 보면요. 제가 앞으로 조선이 어떻게 아름다운 나라인가를 증명하고 싶어요. 일제가 한 식민지 피해 중에 가장 핵심이 조선을 한국 사람들이 우습게 알도록 만든 거예요. 식민성이 어떻고 얘기하는데, 전부 다 그걸 몰라. 잔잔한 게 아니에요. 참 안타까운데, 조선은 대단한 나라에요. 나쁜 것만 골라내고, 좋은 것은 나쁘게 얘기하고, 나쁜 것은 더 나쁘게 얘기하고, 이거 뭐 조선 생각만 하면 '아휴, 케케묵은 것.' 나도 그랬어요. 그런데, 그게 아니라 대단한 나라다, 대단한 한국이다. 대단한 동아시아의 꽃이다. 그래서 조선의 성리학, 조선의 유학은 중국이 포기를 한 걸, 우리가 다듬은 거 아니에요?

그래서 이 문자도나 이런 걸 볼 때, 스케일을 좀 크게 그렸어요. 그래서 이런 융합 수업도 있습니다만, 그래서 이제 활자를 벗어나서 만드는 것으로, 글자는 젤 처음에 새기든지 해봐, 문자는 활자와 거의 동일 선상에 놓고 활자를 감옥에 가둬놓은 거예요. 그게 디자이너들이 눈뜨면 하는 일이야. 뭐로? 타이포그래피라는 이름으로. 게다가, 요새 또 문자도를 한국의 빛나는 타이포그래피라고 얘기하기 시작했어요. 근데 왜 그런지는 얘기를 안 해요. 얼마나 편리한지, 그 댓글 이런 거 잘못하면 국정원 이런데서 수사해서 고소도 하고 하지만 학문에서는 그렇지는 않거든, 그냥 봐주는데.

문자도의 핵심만 보세요. 기본 패턴은 다 같습니다. 자, 이제 이러시면 돼요. 저게 뭐 효, 제, 충, 신, 예, 의, 염, 치인지 이런 거 하려면 골치가 아파. 여러분들 한문 모르니까, 제가 방법을 하나 가르쳐 줄게요. 어떻게? 딱 하나만 외우면 돼요. 잉어가 나오면 '효' 자고, 용하고 새우가 나오
면 '충성'할 때 '충' 자다. 여기 여덟
개마다 이야기가 수도 없이 많은데,
한 두어 가지만 알아도 갑작스럽게
교양 있게 보이잖아요. 아 왜, '효'
이럴 때 잉어가 나오는지 이런 얘기
가 많을 것 같지만 잘 몰라요. 그거
하나 있고, 또 두 번째 까만 것은 한
자고, 다른 것은 그림이다. 한자가 뭔

자인지 알려고 하지 마요. 몰라. 웃지들 않네. 웃으라고 그랬는
데. 까만 건 한자고, 알록달록한 건 그림이다. 여기 '충' 자 보면,
여기 용하고 새우가 있죠? 왜 새우가 나오지? 서울은 요즘 간장
새우가 인기가 떨어져서 요새는 안 팔려. 사람들이 안 먹기 시작
하는데, 이게 병풍입니다. 아시겠어요? 왜 병풍이, 병풍이 어떤
역할을 해서 문자도와 관계를 맺느냐 하는 문제도 너무너무 중
요한데, 바쁘신 인문학자분들은 얘기를 안 해요. 이게 일종의 연
극 공간이에요. 아까 얘기했죠? 연희라고. 탈춤, 판소리, 사설시
조, 전부 다가 조선의 새로운 연희라고 할 수 있죠.

결론은 이겁니다. 양반 공간과 중인 이하의 민중 공간이 만나
서 새롭게 예술적으로 탄생한 공간이 바로 연극적인 공간이고,
그것에 문자도적인 도구라 그럴까, 현대 철학에서 장치라고 합

니다. 그 장치가 바로 병풍이었고, 그 병풍을 이용했다고 그럴까, 그것이 바로 문자도로 나타났고, 만약에 효, 제, 충, 신, 예, 의, 염, 치 여덟 자가 아니라, 유교의 핵심 키워드가 50글자가 되었다고 한다면, 그러면 병풍을 50폭으로 만들 수 없겠죠? 근데 희한하게도 8폭에 딱 맞는 거야. 그게 다 짝 붙이는 모습이거든, 전부 다 여덟 폭 병풍을 떼어내어서 이렇게 보이는 거예요. 이게 진짜 명작이야. 와, 이거를 이우환 선생 아시죠? 이 양반이 한 3~40년 전에 『이조민화』라는 책을 썼고, 그게 열화당에서 번역이 되어서 그 양반 책에서 봤는데, 그걸 보고 깜짝 놀랐어요. 이게 어떻게 아름다울 수 있을까? 서양 사람들은 잘 모를 거야. 이 화려함, 그러면서도 점잖으면서도, 유머러스하면서도, 더 좋은 말 없나? 다 갖다 붙이자. 그걸 다 견뎌내는 수준이다. 정말 그래요. 근데, 전시회에 갔더니, 진짜 실물을 봤어요. 보통 명작은 책을 보고 실물을 보면 어떻다? 실망해요. 그죠? 대표적인 게 모나리자인데, 나는 사진이나 도판 보고 공부하고 지식 쌓고, 진짜 실물을 보니까, '아, 너무 좋아서!' 라는 사람을 의심합니다. 대부분 경우에 실물 보면, '이게 그렇게 유명한 거야?' 하는 생각이 드는데 그, 스타들 있잖아요. 연예인들, 이런 사람들 실물 보니까, 텔레비전 화면으로 보는 게 훨씬 나아요. 지난 주말에 유명한 탤런트를 우연히 만났는데, 보니까 요만하고, 별거 아니더라고. 실물을 보니까 진짜, 지금까지 명작이라고 얘기했던 수준들이 너무나 낮게 보이더라고.

백수백복도는 중국 스타일의 장식 문자입니다. 여기 그림이 안 들어갑니다. 그 사람들이 먹물이 없어서 못 그려 넣었겠어요? 뭐냐, 조선하고 인간의 삶을 살피는 세계관이 다르다. 다음, 유교를 이해하는 방법이 다릅니다. 우리는 양명학도 달라졌고 그죠? 그걸 종합적으로 얘기해주는 게 문자도입니다.

중국에 가면 백수백복도 엄청 많습니다. 특히 '복福' 자는 달력부터 시작해가지고 연말 되면 나오기 시작합니다. '복' 자의 나라야. '복' 자. 또 거기다가 거꾸로 붙인다고. 희한하게도 왜 중국 사람들이 여기 그림을 못 그렸을까? 해인사 입구의 성보박물관에 가면 괜찮은 실물이 있어요. 나중에 한번 가서 보세요. 하 이거, 어떻게 다 자수로 수를 놓았대. 그럼 복이 오나 보지?

여기 있는 걸 말을 먼저 했습니다. 이때 한글 소설, 사설시조, 판소리, 탈춤 요걸 빠뜨렸네. '백자.' 도자기에도 백자

백수백복도

215

가 등장합니다. 그러니까 모든 분야에 다 나왔습니다. 그리고 뒤에 나옵니다만… 천거를 하면, 신윤복, 김홍도의 풍속화도 나왔죠. 그걸 아울러 '속화'라고 합니다. 이게 어떻게 짜고 치는 고스톱처럼… 종합 상사예요. 없는 게 없어. 그리고 그때 한글의 새로운 면이 양명학을 통해서 밝혀집니다. '경세훈민정음도설' 이런 거를 쓰는 위대한 학자들이, 최석정 이런 분들이 전부 양명학자들이에요.

그래서 욕심 같아서는 문자도를 전부 다 한번 보여드리면 좋겠지만, 이제 인터넷 치면 다 나오고, 너무 많이 보면 안 돼요. 그래서 이걸로 마무리하십시다. 첫째, 문자도를 새롭게 보자. 단, 지금 미술사美術史하고 이렇게 이미 월급 받고 교수하고 폼 잡는 사람한테 절대 정보 주지 말라. 오늘 얘기. 둘째, 이거 한꺼번에 다 하려고 하지 말고, 오늘 여러분들의 소득은 잉어가 있으면 무슨 자? '효' 그럼 '충' 자에는 뭐가 나온다? 용과 새우가 나온다. 조개도 나옵니다만, 그거 다 하려고 하면 안 돼. 그냥 용과 새우만 알아두세요. 다른 것도 다 마찬가지입니다. 그래서 이런 부탁을 드리겠습니다. 조선을 새로 보자. 여러분들이나 나나, 일제의 식민 지배가 심어놓은 그 엄청난 공작에 아직도 놀아나고 있다. 어디? 한국의 굉장한 학자들이 그렇습니다. 고맙습니다.

도굴의 문화사

정 인 성

영남대학교 문화인류학과 교수

영남대학교 문화인류학과 교수.
일본 동경대학에서 고고학으로
박사 학위를 받았다. 한국의 고
대 역사와 문화에 조예가 깊어
다양한 저서를 집필했다. 영남대
학교 박물관의 관장을 맡았다.

반갑습니다. 영남대학교 문화인류학과에서 고고학을 공부하며 가르치고 있는 정인성이라고 합니다. 반갑습니다. 대내외적으로 인기가 있는 융합인문학에 대해서 강의를 해달라고 하셔서 "어떤 주제로 이야기를 할지 대답을 하세요." 해서 도굴의 문화사라고 했는데, 거기다가 부제를 더 붙였어요. 잃어버린 기업과 문화유산 이런 주제를 가지고 이야기를 시작해볼까 합니다.

　도굴에서 적발된 여러 가지 이야기가 있을 것입니다. 그래서 옛날이야기가 아니고 근현대사와 지금의 우리를 돌아보는 이야기도 나오면 좋겠다, 그런 생각으로 기획을 해보았습니다.

　도굴 이야기로 시작하겠습니다. 영남대학교 정문의 도로를 건너가면 압독국을 상징하는 임당동 고분군이 있어요. 동아시아를 대표하는 고분군이 많이 있는데 지금은 경주가 점령을 하고 있습니다. 근데 거기에는 과거의 엄청난 유적들이 있다는 것을 오늘 강의를 통해 알게 될 것입니다.

1914년도에 임당동 유적에 대해서 새로운 발굴이 이루어졌습니다. 경주에 가보면 큰 무덤들이 있죠? 이런 데를 가보면 도굴의 표적이 되기 쉽습니다. 그런데 세월이 지나서 도굴꾼들도 그 무덤이 왕묘인지 도굴할 게 있는지 모르는 경우가 많아요. 그런 경우에는 많이 남아있습니다. 그런 경우에는 오래 생명을 유지한다는 이야기입니다. 어쨌거나 역설입니다. 일찍 발견된 도굴은 유적이 발견되어서 보관되어있는 경우가 있습니다.

2014년도에 진흥문화재연구원에서 임당동 고분을 하나 발굴했어요. 동굴은 예전에 없어졌습니다만 작은 방이 하나 더 있는데, 여기에 묻힌 사람이 금동 허리띠를 차고 검을 들고 누워있는 것입니다. 사실은 엄청난 고분이죠. 임당동에 또 하나의 왕묘의 출현이다, 라고 할 수 있을 정도의 고분이 드러난 것입니다. 학회의 이슈가 되었죠. 그런데 문제는 이게 아닙니다. 학생들과 이 유적을 견학하기 위해서 갔어요. 고고학 전공하는 학생들하고 유물을 수거하는 현장을 보러 갔어요. 그래서 학생들에게 이 유물은 이런 것이고… 이야기해주고 돌아선 순간 문제가 발생합니다.

이 유적에는 엄청난 고분이 있어요. 뭔고 하니 임당동 1호분이라고 압독국 고분 중 가장 큰 고분은 80년대에도 90년대에도 발굴이 안 된 겁니다. 국가에서 관리하고 있는 고분이 있었거든요.

국가에서 발견을 해야 합니다. 지자체에서 발견을 해야 하는데 그 근처에서 유적을 보고 학생들하고 주위를 둘러보는데 세상에, 1호분 고분군 꼭대기에 구멍이 나 있는 거라. 압독국 최고 왕묘가 도굴도 안 되고 잘 남아있었다고 생각을 했었는데 이게 무엇인가. 저는 직감했습니다. 무슨 일이 있다고. 그래서 고고학자의 예리한 눈으로 그 사면을 둘러보았습니다. 옷차림이 바뀌었죠? 역시나 잘 보니 위쪽에 큰 구멍이 뚫려있고 아래쪽에 작은 구멍이 나 있는 것입니다. 고고학자의 예리한 눈으로 보니까 이 주변만 흙이 다르죠? 주위에 풀이 나와 있는데 여기만 달라요. '국가가 관리해야 할 엄청난 유적이 최근에 도굴이 되었구나.' 하고 직감했습니다. 엄청난 일입니다.

경주박물관에서 유물을 관리하고 있는데 밤에 도둑이 들어와서 물건을 가져간 것과 같아요. 난리가 나겠죠? 만약에 경주박물관에서 누가 유물을 훔쳐서 달아났다고 생각해봐요. 9시 메인 뉴스로 나와요. 알고 봤더니 고등학생이었네. 고등학생이 수학여행 갔다가 분필로 뭐 썼다가 난리가 났죠. 추적해서 잡았잖아요. 그런데 국가에서 관리하고 있는 임당동에서 발견된 구멍을 주위에 시사를 했더니 반응이 시원찮아요. 엄청난 문제라고 생각을 하고 사람들이 달려들어야 하는데 별로. 이렇게 유물들이 도굴되거나 발굴되어야 하는 것이 아닌가 하고 생각하는 사람이 너무나 많았습니다.

이 사회에 팽배해 있는 도굴 문제가 이렇게, 뭐라 그럴까, 큰일이 아닌 듯이 다루어지고 있구나 하는 생각이 들었고요. 또 이런 사실을 널리 알려야겠다는 생각을 했습니다. 그래서 단기간에 봉합하기 보다는 이번 건은 크게 터트려서 우리가 책임져야 할, 그래서 책임지지 못했던 일들에 대해서 공론화를 시켜서 어떤 문제가 있는지 논의해보고 싶었습니다. 반응이 너무 없기에 강하게 이야기했습니다.

신문에서 보도를 했습니다. 삼국시대의 고분군이 무참히 파헤쳐졌다. 이렇게 보도가 되니까 난리가 났습니다. 그래서 국가에서 책임을 져야 하는 공무원들과 지역 사람들이 다 몰려온 겁니다. 몰려와서 현장에서 설명을 듣고 난리가 났습니다. 그런데 영남대학교에서 연구하는 숙련된 고고학자가 말이죠. "이건 최근에 도굴됐어."라고 이야기를 했는데, 국가에서 책임을 져야 하는 사람들이 우르르 몰려와서 하는 이야기가 도굴이 아닌 것 같다네. 무슨 소리야. 이건 도굴이잖아. 이래저래 해서 도굴 가능성이 있는 것 같습니다. 아, 그럴 가능성도 있는 것 같습니다. 그렇지만 이 도굴은 일제강점기에 도굴이 된 것 같습니다. 도굴은 다 일본 놈들이 하는 게 아닙니까? 이런 반응이 나오는 것입니다.

숙련된 고고학자가 일제강점기 때 도굴된 것인지, 지금 도굴이 된 것인지 모른단 말이야? 제 분노 게이지가 막 오르는 것이죠. 다들 책임을 져야 하는 사람들이 책임을 회피하는 것입니다. 선생님, 이것은 최근의 도굴이 아니에요. 그래서 현장에서 그 말을 다 해줬는데 놀랍게도 그다음 날 국가기관에서 해명 자료를 받았는데 경산 임당동 최근 도굴된 적이 없다는 겁니다. 고고학자로서의 자존심과 명예를 떠나서 너무 화가 나는 거예요. 2015년에 각계각층의 전문가들이 와서 보고 갔어요. 이게 뭡니까. 도굴될 가능성이 1%라도 있으면 와서 그 내용들을 확인해보겠다 이렇게 나와야 하는 것이 아닙니까? 문제를 인정해야 해결할 수 있는 실마리를 찾을 수 있는 것 아닙니까? 맞죠? 처음부터 그 사실을 부정해버리면 내용은 바뀔 수가 없는 것입니다. 어떤 해결의 실마리도 찾을 수 없다는 것입니다. 너무 화가 났습니다. 최근에 도굴된 적이 없다니. 정인성이 한 모든 일들이 사실상 최근에 도굴된 적이 없고 현지에서 오고 간 문화재 도굴 이야기들은 일본 놈들이 다 도굴해갔다는 것이잖아요. 그래서 과거의 일들로 너무 침소봉대하지 마세요, 라고 하는 거라.

저는 그 사람들을 보면서 이런 생각을 했습니다. 우리 사회가, 우리가 책임을 져야 할 일들을 정말 막연하게 일본에게로… 일본은 무조건 나쁜 거죠? 우리를 식민지배했기 때문에 좋게 생각해줄 수가 없죠? 독도 소장님도 계신데 제가 독도 이야기 할 것 없이 일본이 무조건 나쁜 겁니다. 그렇지만 묻지도 따지지도 말고 나쁘다는 것을 전면에 드러내면서 이게 팩트인지 아닌지도 모르면서, 모든 우리 사회에서 벌어지고 있는 부조리와 나쁜 점은 전부 절대 악 일본이 한 거다. 이런 인식은 우리 사회에서 굉장히 깊게 자리하고 있습니다. 그렇지 않습니까?

예를 들어서 경주에 가면 불상들이 많죠. 그 불상들에 목이 없어요. 그걸 어떻게 생각하실 겁니까? 조금 공부를 한 사람들이라면 조선시대의 훼불정책을 생각하겠죠. 그래서 조선시대에 코가 없는 불상이 많습니다. 이런 것들은 아들을 간절히 원했던 전근대사회에 남편 몰래 아내들이 아들을 낳기 위해 했던 그런 민간신앙들이 있었던 것입니다. 이런 것들을 알아보지도 않고 유적 문화재 훼손은 절대 악 일본이 했다 이렇게 되는 것입니다. 임당동 도굴을 바라보는 이런 시선들이 그러하구나. 우리 사회가 지적하는 부분에서 이런 부분이 있구나 하는 것을 절실하게 느꼈습니다.

오늘 이렇게 이야기하겠습니다. 하나는, 여러분들에게 영남대학교는 엄청난 유적지인 임당동 유적들을 끼고 있구나 하는 것을 인식시키고 또 하나는, 알고 욕하고 있는가? 우리의 책임은 없는가? 이런 이야기를 하려고 합니다. 그래서 도굴이 된 적이 없대요. 정말 화가 나죠. 그래서 주위의 유적들을 다 꼼꼼히 둘러보았죠. 어두워질 때까지 주위에 있는 고분을 둘러보았습니다.

임당동 고분군은 개발로 전부 파괴가 되었고, 6개만 남아있습니다. 그중 부적리 4호분에서, 중턱에 흙을 팠다가 다시 메웠는데 비가 오니까 쑥 꺼졌더라고요. 나무들이 많이 자라고 있었습니다. 그런데 한 부분에만 나무들이 죽어있습니다. 제가 슬금슬금 다가가서 말이죠, 마른 나뭇가지를 뽑았더니 뿌리가 없이 쑥 뽑히는 것입니다. 흙으로 메워놨던 것을 안 들키기 위해서 위장을 한 것입니다. 나뭇가지를 꽂은 것이죠. 이런 발칙한 놈들. 이건 고고학자가 아니더라도 알 수 있는 것이 아닙니까? 누군가 팠고 그들의 행위를 들키지 않기 위해서 덮었구나. 맞죠? 무엇을 팠을까? 이런 생각이 드는 것이죠. 확인을 해야죠. 그리고 멀쩡한 고분군에서 많은 토사물들이 흘러나와 있었습니다. 이 토사물들이 어디서 나왔을까, 라는 생각이 들죠? 이렇게 오래된 고분인데 안정화되어있다는 말입니다. 사면에 흙들이 있고 나무로 가려져 있었다는 것입니다. 그렇게 해서는 안 되는 짓들을 했다는 것이죠. 국가가 관리하는 고분 근처에서 들키지 않았으면 좋겠다는 행위. 뭐겠습니까? 도굴이겠죠. 이건 알 수 있는 일이잖아요? 누가 봐도 '아 이건 심상치 않다. 무엇인가가 있다.'는 것을 안다는 말입니다. 그런데 중앙에서 내려온 사람들이 말입니다. '도굴된 적이 없어요. 이건 일제강점기에 도굴된 것입니다.' 이런 대한민국 사회, 슬프잖아요? 대한민국 사람이 이래도 되는 것입니까? 일본 사람 나쁜 짓 많이 했어요. 그런데 가려서 합리적으로 이러이러한 부분은 말이 안 된다고 인정을 해야 합니다.

이런 부분은 사실 너희들이 그런 의도가 아니었다는 것을 안다. 이렇게 합리적으로 비판을 해왔던 사람과 무조건적으로 나쁘다고 끊임없이 외치는 사람. 생각해보시기 바랍니다.

고분 꼭대기에 올라갔더니 여기에 돌들이 이렇게 쌓여져 있는 거라. 왜 이렇게 안정되어있던 도굴에 돌들이 쌓여져 있었겠습니까? 모든 것을 모아보면 이 고분에 엄청난 변고가 있었다는 것을 알 수 있다는 것입니다. 임당동 고분군에서 엄청난 도굴 행위가 있었다는 것을 알 수 있습니다. 함몰 구덩이. 여기를 지나오는데 우리 대학원생이 뒤따라오고 있었어요. '으악' 하는 순간 뒤를 돌아봤는데 그 학생이 없어졌습니다. 그 대학원생은 그 도굴 구덩이에 쑥 빠진 것입니다. 죄송합니다. 여기에서는 과장이 있었습니다. 사실 허리까지만 빠졌습니다. 그래서 안 되겠다. 조금 더 센 전문가를 불러서 공론화를 시켜야겠다고 했어요. 학회에 회장님들, 위원장님들, 이런 분들을 모셔서 '보아라!' 학회에서 문제 제기를 하자, 그래서 논란이 더욱 커졌죠. 공무원들은 싫어하죠. 지금도 싫어합니다.

말라있는 나무의 상태와 흙의 색깔을 봤을 때, 일 년 이내에 엄청난 도굴이 있었다는 것을 전달할 수 있었던 것입니다. 현장에 장갑이 있었습니다. 손바닥 부분에 빨간 고무를 바른 장갑을 버리고 갔을 겁니다. 이건 합리적인 추론입니다. 빨간 장갑이었기 때문에 의심이 간 겁니다. 다른 장갑이었으면 자료로 찍지 않았습니다. 그래서 사진을 찍어서 올렸더니 각 언론사에서 난리가 난 것입니다. 이래서 이제 기관에 있던 분들이 나와서 새로 조사를 해보겠다. 도굴이 되었는지 알아보겠다, 이렇게 된 것입니다. 처음부터 그렇게 하지 않았으면 아직도 나쁜 사람은 일본 사람이 되어있겠죠. 나쁜 일본 사람이라고 말해야 애국자라고 칭해지는 풍조가 조금은 달라져야 해요. 어쨌거나 아직까지 도굴을 인정하지 않은 그룹들이 많습니다. 그래서 어떻게 했겠습니까. 경찰서에 가서 함께 합동작전을 펼쳤습니다. 분명히 이거 도굴인 것 같은데 저를 인정하지 않은 사람들이 있어서 좀 도와주십시오, 해서. 그분들 중에 유능한 분들이 많아요. 경산시에 있지 않은 사람들 일부의 무리들이 어느 순간 고분군 근처에 있었던 사람들 휴대폰을 추적해서 알아낼 수 있는 모양입니다.

그렇게 해서 범인 A, B, C로 나누어서 잘 조사하다보니까 짚히는 것이 있는가 봅니다. 그래서 그 사람들을 잡았어요. 자백을 받았어요. 2015년 10월 6일 날 크게 기자회견을 하고 난리가 났습니다. 검색을 해보세요. 도굴꾼을 잡으면서 오해를 푼 거죠. 최근에 도굴된 적이 없어요? 자존심에 스크래치가 났었는데 근거가 생기면서 깨끗하게 해결되었습니다. 문제는 은으로 만든 허리띠. 도굴이 나쁜 게 무엇이냐면 이런 것입니다. 삼국사기나 삼국유사의 한 페이지를 방에 도배한다고 바르는 것과 같은 겁니다. 엄청난 공공재를 없애는 것 아닙니까?

도굴꾼이 파는 것이 무엇이 문제냐고 말하는 사람들이 많아요. 그렇지 않습니다. 만약에 숙련된 고고학자가 발견했으면 이 금관을 누가 썼는지, 남자가 썼는지, 여자가 썼는지, 어떤 무덤에 있었는지, 어디에서 나왔는지, 같이 나온 토기는 몇 세기의 것인지 등등 엄청난 정보가 있다는 이야기이죠. 그러나 도굴꾼들에게 이런 역사의 도굴이 되는 정보, 이런 사안들이 고려 대상이 됩니까? 아닙니다. '토기가 있네? 이건 값이 나가니까.' 돈이 되는 물건만 가져갑니다. 철저히 공공재인 역사적인 증거들을 파괴하는 행위입니다.

많은 사람들이 이렇게 말하더라고요. 도굴하는 사람이 똑똑하네요. 거기에 유적이 있는 줄 어떻게 알고 팠죠? 그들이 정말 엄청난 끼를 가지지 않았습니까? 어떻게 그렇게 팠을까요? 도굴자들을 칭찬해줘야지 않아요? 이런 이야기들이 있더라고요. 전혀 그렇지 않습니다. 유적이 파괴되는 겁니다. 이렇게 생각하면 됩니다. 첨성대 내부에 금으로 만든 보석이 있다는 소문을 듣고 밤에 침투를 해서 그 보물을 꺼내오는 것이 주인공이었습니다. 사실 이 사람은 유적 파괴범이죠. 그래서 임당동에서 이 사람을 잡았는데, 문제는 그 뒤에 벌어진 이야기를 설명하려면 정말 답답하고 화가 많이 납니다. 사실은 지원금을 들여서 재발굴을 했어요. 제 생각에는 어디서 나왔는지 확인을 하는 것이죠. 중요한 발굴이 되어야 하는데 다른 성과를 만들어서 이 흠을 뜯어버렸어요. 정말 부패한 정치인들이 가장 잘 하는 일 아닙니까? 자신들의 허물이 생기면 더 큰 허물을 가져와서 무마시키는 일들이 임당동 문화유산에서도 벌어진다는 것이 너무 안타까웠습니다. 그러나 도굴꾼들은 잡혔습니다. 여러분 정말 도굴이라는 것이 어떤 의미를 가지고 있는지 잘 생각해보시길 바랍니다.

자, 그러면 임당동 고분군은 어떤지 볼까요? 생소하겠지만 2300년 전에 환호를 만들어서 살던 사람들의 공간이 임당동 고분군입니다. 지금 남아있는 곳은 임당동 고분군과 조영동 고분군. 이 공간만 남아있습니다. 이 고분군은 KTX를 타고 지나가면서 유일하게 보이는 삼국시대의 고분군입니다. 경주 고분? 보이지 않습니다. 서울에 있는 서촌 방면도 보이지 않습니다. 기차가 동대구역을 지나 스르르 미끄러지면 오른쪽으로 휙 돌리면 말이죠. 이런 콘텐츠를 잘 활용할 수 있는데, 경산시는 조금 더 분발해야 할 것 같습니다. 경산시가 정말 잘되기를 바랍니다. 이런 넓은 지역에 엄청난 고분군을 깔고 있는 데가 영남대학교입니다. 임당동 고분군이라는 것을 이번 시간에 알고 가시면 대학 생활이 정말 유익하실 것입니다. 임당동에서 수많은 고고학자가 수십 년간 조사를 하면서 먹고 살 수 있었는데, 문화유산 콘텐츠로 정말 재미난 도시를 만들 수 있었는데 아쉽습니다.

　도굴범이 여기에서 유물을 도굴해서 일본으로 빼돌리려고 부산까지 갔다가 들킨 것입니다. 야, 이거 어디서 났노? 모릅니다. 똑바로 말해라. 똑바로 이야기하니까, 사실은 경산에서 났습니다. 사실은 팔려고 한 것은 아니고 경산에 있는 친척이 포도나무를 키우고 있는데 포도나무를 팠는데 뿌리 주위에 뭐가 나오길래 계속 팠더니 센 게 나와서 신문지로 둘둘 말아서 왔습니다. 부산항으로 들고 나갈려다가 근처에 영남대학이 있으니까 조사를 하게 해서 본격적으로 발굴이 시작되었습니다. 해방 이후에 1985년인데 제대로 된 계획을 세워서 유적을 학술적으로 조사를 한 것이 아니고, 도굴이 되었던 사실이 알려지니 그제야 정부가 나섰습니다. 2015년이 되어서야 말이죠. 도굴이 되고 나서야 정부가 나서고, 이런 것들이 아쉬울 뿐입니다.

　다른 지역의 고분들은 돌을 쌓아서 만드는데, 임당동 고분군은 임당동 고분은 아주 연약한 암반지대야. 그래서 신라나 다른 곳은 말이죠, 돌을 막 쌓아야 해요. 근데 임당동 사람들은 거기를 파면 완벽한 무덤이야. 엄청 조건이 좋은 공간이었어요. 그래서 너무 잘 남아 있는 거예요. 이걸 복원하고 붙인다고 얼마나 많은 날과 밤을 새웠겠습니까, 여러분의 영남대학교 선배들이. 여기에서 이루어진 성과는 한국 고고학계뿐만 아니라, 전 세계적 고고학의 성과가 되었습니다. 깨지지 않은 토기들 발굴이 다 이루어졌습니다. 결국은 원룸이 이 지역을 다 덮었죠.

경주에 큰 고분이 있습니다. 그런 고분이 왜, 언제 발생했는지, 어떤 과정을 거쳐서 어떤 맥락에서 발생했는지를 알게 해주는 고분이 경주에 있는 것이 아니고 경산에 있습니다. 시중에 책들이 많습니다. 이런 것들을 고고학적으로 검증해줄 수 있는 자료가 경산에 있다는 것을 이야기해줄 수 있습니다. 여기 있는 사람들은 호락호락하지 않습니다. 보세요. 지금도 만들 수 있을 만한 투구를 경산에 살았던 사람들이 쓰고 다녔습니다. 경산에 살았던 사람들이 말을 부리는데 황금 도금된 장신구로 장식을 해서 멋진 말들을 타고 다니는 사람들이 있었다는 것이고요.

2300년 전에, 여러분 국사 시간에 나오는 마을과 마을의 다툼이 잦아지면서 지켜야 할 무언가가 생기면서 가장 먼저 인간이 개입한 환호라고, 마을 주변의 도랑을 깊게 파서 적들의 침입을 막았다는 것이죠. 그런 흔적들이 임당동에도 있습니다. 적들이 쳐들어오다가 이 환호에서 더 이상 진입을 못 했다는 것이죠.

정리를 해보면, 경산 임당동에서 도굴된 사건들을 이야기했더니 많은 사람들이 묻지도 따지지도 말고 지금 도굴된 것이 아니다. 언제다? 일제강점기 아니면 지금 기억하기도 힘든 먼 과거의 이야기이다, 라는 이야기를 했어요. 자 그러면 우리 사회를, 이 담론들 예컨대, 일본은 나쁜 것이야, 우리 사회에서 모든 나쁜 것은 일본이 그랬어, 라는 등 우리가 져야 하는 책임마저 일본에 전가하는 이런 현상들은 바람직하지 않습니다.

　제대로 내용을 알고 합리적인 사고를 하면서 실제로 그러한가, 그렇지 않은가를 확인해서 비판할 것들은 준엄하게 비판을 하든지, 아니면 우리 사회의 문제를 떳떳하게 밝혀 개선을 해나가야 합니다. 그런 것들을 하려면 문화유산 현장에서 우리 손으로 발굴한 유적이 없죠? 없어서 기억에 없는 것입니다. '잃어버린 기억과 문화유산'이라고 제목을 붙인 것은, 우리 속에 있는 절대악인 일본에 책임을 전가할 수 있는 분위기를 형성시키는 이유가 무엇일까를 생각해보기 위해서입니다. 저는 이렇게 생각합니다. 기억이 없기 때문에 그렇습니다.

　일제강점기에는 절대로 조선 사람들에게는 문화유산을 발굴하지 못하게 했어요. 역사 서술을 하는데 조선 사람이 주체적으로 연구자가 되어서 동참하는 것을 일제가 꺼려했어요. 이런 문화유산을 조성하고 역사를 재구성하는 행위가 식민지 조선 통치를 완성해나가는 것이죠. 역사 이데올로기를 창출해나가는 것이기 때문입니다. 이런 사실은 조선 사람들이 끼어있으면 곤란했습니다. 조선사가 아니고 일본의 지역사가 되어야 하는데 조선 사람이 주체가 되어서 조선총독부가 하는 일을 같이 하면 곤란하잖아요. 그래서 조선 사람들을 배제했습니다. 해방이 되기까지 문화유산의 조사와 연구를 일본 사람과 동등한 입장에서 한 사람이 한 명도 없다는 것이죠.

경주에서는 1946년도에 미군정이 주도해서 발굴한 적이 있었습니다. 발굴 책임자가 누구였을까요? 지휘자가 누구였을까요? 해방된 다음해인데 일본인 아리미스가 했습니다. 미군정이 가지 말라고 했어요. 무서워서 짐을 막 챙기고 있었는데, 가지 말라는 것입니다. 아리미스, 너는 일본으로 갈 수가 없어. 그래서 자기를 혼내줄려고 하는 줄 알고 아리미스 일기를 보면 너무 놀랐다고 그래요. 그래서 물었답니다. 나를 죽일 것인가? 그런 게 아니고, 미군정도 무언가 성과를 내야 하잖아요. 해방 이후에. 그러면 경주에서 무엇을 파면 성과를 낼 수 있다는 것을 알아요. 미국이 한반도를 새로 지배하기 위해서 온 것이 아니고 문화적인 무엇인가를 해서 사회적인 복구를 돕기 위해서, 그런 존재로 부각시키기 위해서 경주에서 뭔가 팠으면 좋겠다. 그렇게 했어요. 그런데, 한국의 김재원 선생님한테도 하라고 했더니만 저는 발굴해본 적이 없습니다, 라고 하는 것입니다. 학술 정보를 남기는 것은 숙련된 사람이 필요합니다. 그걸 해본 사람이 없다는 거예요. 그래서 새로 유럽에서 박사 학위를 하고 온 김재원 박사에게 말했습니다. 어쨌거나 발굴이 안 되는 거예요. 그래서 박물관장이 이렇게 말했습니다. 아리미스라는 젊은 사람을 붙들어서 이 사람이 가지고 있는 발굴 스킬을 우리가 배워야 합니다, 라고 했던 것입니다. 미완의 해방인 것입니다. 그래서 일본으로 가려고 하는 아리미스를 붙들어서 발굴 하나를 하라고 했습니다. 그래서 아리미스가 경주 호우총에 있는 것을 가르쳐 준거라. 이것을 파면 성과가 있을 것입니다. 그래서 제가 100살이 넘은 아리미스를 인터뷰하러 갔어요, 수 년 전에. 호우총을 왜 선택하신 것입니까? "솔직히 말하겠습니다. 아직 한국 사람이 스스로 발굴할 수 있는 능력이 모자랐던 것을 알고 있었기 때문에 가능하면 작은 고분을 소개하자며 훼손이 심한 고분을 소개했습니다. 이런 고분이라면 거칠게 발굴을 해도 조선 사람이 숙련이 될 것입니다. 그런 과정을 거친 다음에 큰 고분을 발굴하는 것을 희망했습니다." 마치 신라 고분이 자기의 것 같은 거죠. 주인 의식이 묻어납니다.

실제로 일제강점기에 경주에서 발굴했던 연구자의 기본 마인드였습니다. 어쨌거나 해방이 되고 우리 스스로 발굴조차 할 수 없었다는 것입니다. 왜? 그들이 키워주지 않았으므로. 식민지 조선이니까. 많은 사람이 식민지의 근대화론을 이야기하지만, 사실 식민지의 민낯은 이런 부분에 있는 것입니다. 그렇다면 우리가 이제라도 일제강점기에 그들이 무엇을 했는지를 알아야 합니다. 제가 최근에 주 전공은 아닙니다만 그런 내용을 정리하는 작업을 하고 있습니다. 그래서 보았더니 일본 사람들이, 이미 경술국치가 1910년도에 되잖아요, 그런데 그 이전부터 발굴 예비 조사를 합니다.

경주에는 무엇이 있는지 등을 19세기 말부터 끊임없이 조사합니다. 그러다가 강제 병합이 되고 1915년까지 예비 조사를 합니다. 그래서 1916년도부터는 일본이 국가 차원에서 조선을 발굴하기 시작합니다. 1910년부터는 조선 총독부의 허가없이는 누구도 사사로이 발굴할 수 없었던 시기가 도래합니다. 그래서 1916년 이후부터는 한국 사람에게 한반도에 있는 문화유산을 조사하거나 발굴할 수 있는 권리 자체가 박탈된 것입니다. 그렇게 해방이 된 것입니다. 그래서 알 수가 없죠. 우리는 일제강점기의 그런 일들을 전혀 모르고 있습니다.

최근에서야 그 공간에서 어떤 사람들이 활동했는지를 우리가 조금씩 알게 되었습니다. 마치 일본인이 된 것처럼 누가 어디서 발굴했는지 이런 것들을 알아야 해요. 최소한 알아야 하는 인물이 도리이 류조, 세키노 타다시 이런 사람들. 이 사람 한 사람 한 사람의 행적과 역할을 알아야 합니다. 어쨌거나 일본이 최고 학교인 도쿄제국대학에서 가장 일을 잘하고 뛰어난 사람들을 한반도에 파견해서 유적 발굴을 하게 한 것입니다. 당시에 가장 뛰어난 사람들을 조선에 보내노라. 그런데 뭐가 불만이고? 우리는 이야기합니다. 이게 정치적인 목적이 없이 순수한 학술적인 조사로 인한 발굴이었다면 우리가 인정해줄 수 있다. 그러나 가장 학벌이 좋은 교수들을 보내서 발굴한 이유, 이런 것들이 정말 정치적이지 않나 이런 것들을 이야기해 봐라. 왜? 조선을 완전히 일본의 지방으로 만들어야 했기 때문에. 그런 것들을 알아야 합니다. 그래서 맹목적으로 일본을 비판하는 것이 아니라 여러 가지 있었던 일들을 차분하고 냉정하게 파악하는 그런 일을 먼저 해봐야 하는 것입니다.

동의할 수 있습니까? 격분해서 너희들은 나빠. 뭐가 나쁘죠? 이렇게 해서는 문제 해결이 안 된다는 말이죠. 우리는 해방되고 나서 준비가 너무 부족했어. 우리가 '다 내놔.'라고 하니까, 일본이 '뭘 내놓을까요.'라고 하니 우리 측에서 당황을 해서 말이죠. 일본이 '말씀을 하시면 다 내놓겠습니다.'라고 했죠. 실제로 그런 상황이 벌어졌어요. 그래서 한일 회담 때 전부 반환 안 해도 되는 소소한 물건들이 오고, 정말 중요한 물건들은 돌아오지 못한 그런 일화도 있습니다. 왜? 몰랐다는 것이죠. 흥분해서는 해결되지 않습니다. 일제강점기에 무슨 일이 있었는지를 알아봐야 해요. 공부해야 해요. 그런 과정들이 우리에게 남아있다는 그런 걸 알아야 해요. 저는 최근에 도쿄대학에서 어떤 훌륭한 인물들을 배출했고, 어떤 인물들이 한반도로 건너와서 어떤 역할을 했는지를 추적하고 있습니다. 도리이 류조, 세키노 타다시, 구로이타 가쓰미 이런 사람들이 한반도에서 문화유산들을 추적했다는 것을 이제는 우리가 알게 되었습니다. 이 사람들이 신라사, 백제사, 웬만하면 다 만든 사람입니다. 다행스럽다고 해야 하는지는 모르겠습니다만. 그 외에 고고학자들이 있었습니다만, 문과대 사학과가 일본사의 관점에서 한반도의 역사를 서술했다는 점도 맞습니다.

자, 그다음이 중요한 사람이죠. 도쿄대학의 세키노 타다시라는 건축학 출신의 사람입니다. 여러 사람들이 있습니다만 다 소개할 수는 없습니다. 그 중에 이 사람 한 명만 이야기하면, 실제로 조선 역사를 어떻게 서술할 것인가도 도쿄제국대학의 사학과 교수들이 정했습니다. 근데 실제로 현장에 와서 유적을 발굴하고 거기서 나온 유물들을 기록하고 보고서를 쓰는 것은 역시 도쿄제국대학에서 했습니다만, 다른 직원들이 했습니다. 누구냐? 그 사람이 세키노 타다시입니다. 그 사람이 주도했습니다.

이 사람 유명합니다. 왜 건축학 하는 사람이 고고학을 조사했을까. 아직까지 100년 전 일본은 학문의 정의가 뛰어나게 분리되지 않았던 상태였습니다. 그래서 고고학적인 영역과 사학적인 영역, 건축학적인 영역 이런 것들이 다 서로서로 많이 겹쳐 있었습니다. 물론 학문은 그러하지요. 어떻게 정의하느냐에 따라 다 달라집니다만, 그래서 융합의 인문학이죠. 그런 상태에서 고고학, 사학, 건축학이 무엇을 할까 이런 것들을 시험 삼아 한반도의 여러 유적들을 대상으로 해서 일본 사회가 그런 학문적인 정의를 이루어가는, 만들어가는 그런 시대였다는 것을 알 수 있습니다. 그 중심에 세키노 타다시라는 사람이 있었는데, 그 사람이 발굴을 시도했던 이유는 건축학자이니까 이 고분이 어떤 공간에 있는지, 배후에 어떤 시설들이 있는지, 토기가 어떤 위치에 있었는지, 이런 것들을 단순히 사학을 공부하는 사람의 어떤 머리로는 정리를 할 수가 없습니다. 건축학의 도면을 그려내는 것, 이런 것들은 안 되었습니다. 그래서 도쿄제국대학에서 가장 뛰어났던 조교수 세키노에게 맡겨진 것입니다. 그래서 이 사람이 조사단을 꾸렸다는 것이 최근에 밝혀졌습니다. 근데 본인은 특정한 물건의 역사성을 잘 모르잖아요. 그럴 때 데려온 사람이 사학과에 있는 야쓰이 세이치였습니다. 그런데 지금까지는 세키노 타다시가 전부 다 했다고 생각을 했습니다. 왜? 모든 성과물들의 이름이 세키노 타다시의 이름으로 나왔기 때문입니다.

최근에 연구를 해보니까, 조선의 유적을 조사한 행위가 사실은 세키노가 대표지만 그 실무를 하던 인물로서 야쓰이 세이치란 인물이 있다는 것을 알아냈습니다. 이 사람이 중요합니다. 조선 총독부가 국가적인 차원에서 본격적으로 발굴을 시작할 때, 그 중심에 세키노만 있는 줄 알았는데, 실제로 기획하고 집행하는 사람은 야쓰이 세이치였습니다. 그런데, 이 사람에 대해서 일본 연구자도 모르고 한국 연구자도 몰랐던 거예요. 왜? 자료가 없었습니다. 알고 보니, 이 사람이 2, 30대에는 엄청난 성과를 남겼지만, 그 이후엔 조선을 떠나서 고향으로 가버립니다. 엄청난 발굴을 했습니다만, 보고서 하나도 남겨놓지 않았습니다. 왜 그랬는지. 할 게 없어요. 어느 순간 이 사람이 홀연히 자취를 감추었기 때문에 어떻게 되었는지를 몰랐어요. 그런데 최근에 이 사람에 대한 정보가 차츰 드러나고 있습니다.

 이 이야기로 마무리 할게요. 도쿄제국대학도 당연히 이런 작업을 해왔죠. 일제강점기에 조사는 두 가지였습니다. 하나는 조선 역사의 타율성을 강조하는 것입니다. 이게 뭐겠습니까? 고조선이 중국 한 무제의 침범을 받아가지고 그 자리에 만들어진 게 한사군입니다. 고구려 멸망 313년까지 존속했다고 알려진 이 낙랑군. 이게 사실은 고대에 중국의 지배를 받는 시대가 있었다. 이게 드러나는 사실인 거죠. 그래서 한반도에 있는 낙랑과 관련된 유적을 계속 발굴하고 연구서를 쓰고 보고서를 쓰면서 서서히 한국과 일본, 세계의 연구자들이 한반도는 이미 오래 전부터 한 무제에 의해 지배를 받기 시작한 공간이구나. 즉, 조선에 선진 군대를 가진 중국 한의 군대가 들어가며 문명이 꽃을 피우기 시작했다. 이런 역사서를 만들려고 했던 것입니다. 그래서 실제로 일본 사람들은 이 낙랑 유적을 조사하기 위해서 정말 공을 들입니다.

 일본에서는 고분 발굴이 불가능합니다. 왜? 모든 고분은 천왕릉하고 관련이 있을지 모르기 때문에 발굴이 원천적으로 금지되어 있습니다. 그런데 식민지로 전락하고 있는 조선은 고고학자들에게 모든 것이 허용되어 있던 공간이었습니다. 조사를 하다가 '어, 저기 고분이 있네요.' 맞습니다. 저거 내가 파고 싶어요. 조사하겠습니다.

또 하나가, 우리가 경산에 있기 때문에 신라 땅입니다. 신라 유적에 엄청 주목을 했습니다. 왜 고고학자들이 이렇게 신라에 방문을 했는가. 대학원 1학년, 몇 살입니까? 만 24살 정도 될 것입니다. 만 24살에 경주에 수학여행을 왔다가 고분을 발견합니다. 여러분 수학여행 왔다가 토기를 주워봤어요? 그런데 수학여행 왔던 대학원 1학년이 경주에서 고분을 팝니다. 그랬더니 야쓰이 세이치가 1909년에 와서 또 팝니다. 실패했지요. 유적 발굴을 위해 경주 고분을 엄청나게 팝니다. 고작 대학원생인 주제에 그들은 왜 경주에 주목했을까요? 이게 오늘 마지막 이야기입니다.

그 당시 사진을 보면, 일본인 조사대를 태워서 나귀에 짐을 실어서 물이 얕은 경주 석천을 건너가고 있었습니다. 주변에 많은 고분이 보입니다. 이런 공간이었습니다. 근대적인 시선으로 경주를 발견한 사람은 일본 사람입니다. 이렇게 경주를 찾습니다. 그다음에 석굴암. 석굴암 복원을 주도한 사람이 세키노 타다시입니다. 오늘날 우리가 일반적으로 알고 있는 것들은 석굴암 하면 일제가 우리의 역사와 문화가 뛰어난 것을 말살하기 위해서 잘못 도굴했다고 알려진 대표적인 유적입니다.

비가 샌다. 누수 현상이 있다. 일본 사람들이 의도적으로 보도를 했다. 이런 이야기들이 둥둥 떠다닙니다. 나쁜 일본이니까. 우리 역사에 대해서 제대로 복원을 못 했다고 생각했습니다. 실제로 그랬을까요? 만약 석굴암을 그렇게 훼손할 생각을 했었다면 지금 예산으로 수백억을 들여서 복원을 했을 리가 없지 않겠습니까? 이런 생각을 합리적으로 해봐야 합니다. 왜 그랬을까? 일반적으로 알려져 있는 나쁜 일본인들은 경주를 파괴했다. 이렇게 생각하기 보다는 한편으로 경주에 왜 이렇게 주목해서 경주를 발굴하려고 했고 경주의 유산들을 복원하려고 했는가. 이런 것들을 생각해봐야 합니다.

제가 중국으로 다녀왔습니다. 중국 다녀와서 이제 본격적으로 한국과 일본과 중국을 복원하려고 생각을 하고 공항에서 내렸어요. 내렸는데 일본에서 아는 지인이 연락이 왔어요. 야쓰이 세이치의 기록물들이 오사카에 막 돌아다니고 있다는 거죠. 그래서 놀라서 달려갔습니다. 정말이었습니다. 그런데 이 사람이 가지고 있는 물건 중에서 고급 도자기 같은 것은 백억 정도에 팔려나간 것입니다. 그게 뭐였겠습니까? 그 사람 한국에 오래 있었거든요? 아마 한반도에 오래 있었던 물건들이 사사로이 일본 시장에서 팔리는 것 같아요. 자, 야쓰이. 이 이야기를 왜 하는가 하면 제가 이야기한 신라 이야기와 곁들여서 생각을 해주시면 됩니다.

조사를 해보니까 1888년 오사카 남쪽에 있는 와카야마에서 태어났습니다. 도쿄제국대학 문과대학 사학과에 들어갔습니다. 국사학을 전공했습니다. 1907년도에 졸업을 했어요. 교토제국대학에서 대학원을 보내던 중, 1908년도에 돌연 다시 도쿄로 돌아옵니다. 그런 다음에 1909년도에 세키노를 따라서 한국으로 건너옵니다. 이때부터 1921년도에 경주에서 금단성이 발견되기 직전까지 모든 한반도의 현장에는 야쓰이 세이치가 있었습니다. 1917년도에 거처를 경성(서울)으로 옮겨버렸습니다. 근무지가 서울이 되는 것입니다. 서울에 있는 조선총독부 박물관. 그럼 세키노 타다시는 일본에 있는 겁니다. 일본 도쿄제국대학에 있으면서 방학이 되면 이제 한국으로 건너오는 겁니다. 현장에 있는 야쓰이와 합류를 해서 경주로 갑니다. 이렇게 조사를 했던 것입니다. 그런데 야쓰이가 1921년도에 고향으로 돌아가 버려요. 조사해보니까 아버지가 뇌출혈로 쓰러졌다는 겁니다. 이걸 핑계로 돌아간 거예요. 근데 아버지가 쓰러진다고 해서 지금까지 공부해왔던 학문을 포함한 모든 걸 접고 귀국을 해버린다는 게 이해가 안 되는 거예요. 여러분이라면 그렇게 하겠습니까?

공부를 열심히 하고 유학을 하고 있는데 한국에서 정말 사랑하는 사람이 돌아가셨다고 생각을 해보세요. 그렇다고 해서 모든 것을 버릴 수 있냐는 말입니다. 지금까지 낸 학업의 성과라든지를 봤을 때 그러기 힘들다는 것이죠. 뭔가가 있다는 거죠. 이런 것들을 밝혀내는 작업도 최근에 하고 있습니다. 왜 금단성이 발견되기 직전에 돌아가 버렸는가. 이게 중요합니다. 이게요. 나중에 알고 보니까, 아버지가 엄청 부자입니다. 돈이 너무 많아서 세금을 많이 내서 당시 국가에서 국회의원 자리를 만들어주는 그런 사람이었습니다. 납세를 너무 많이 하니까 국가에서 그 지역의 국회의원 자리로 인정해준 겁니다. 그런 아버지의 명성을 받아서 지역구에서 본인도 국회의원이 되려고 출마합니다. 보세요. 대학에 다니면서 조선사와 일본사에 엄청나게 열심히 공부하다가 뭔가 큰 역할을 하고 싶었는데, 아버지가 돌아가셨어요. 자기가 장남이야. 자신의 재산이 2000만 원, 3000만 원이 아니고, 수백억인 것이에요. 여기서 갈등을 한 것이에요. 지금 내가 돌아가서 아버지의 후계자 자리를 받아 역할을 해야 아버지 유산을 상속받을 수 있겠구나 생각하고, 한편으로는 학문적으로 자신이 이루고 싶어 하는 것들이 있을 거예요. 자기의 필드는 조선입니다. 조선에 남아있어야지 이걸 할 수 있어요. 나중에 대학에 갈 기회도 있고 말이죠. 아마 갈등을 했을 겁니다. 그런데 아버지의 유산을 선택했습니다. 결과를 이야기해줄까요? 국회의원 선거에서 아주 근사한 차이로 낙방을 합니다. 완벽하게 졌어야 하는데 정말 아슬아슬하게 떨어지니까, 더욱 미련이 남는 거죠. 그래서 학문과 아버지의 재산과 지역에서의 정치를 맴돌다가 그냥 학계에서도 잊어져가고 지역에서도 최고 명세가 되지 못하고, 어정쩡한 상황이 되면서 모두에게 잊어져갔던 겁니다. 여기서 하나의 교훈이 있습니다. 아버지는 돈이 없어야 합니다. 그래서 제가 정말 우리 애들한테는 정말 좋은 아버지가 아닐까 생각합니다. 돈이 없거든요. 그래서 애들은 자기들이 열심히 공부를 해야 합니다.

자, 이 사람 이야기를 해야 하는데, 왜 그럼 조사단의 일원이 되었는가를 연구했더니만 이 사람이 평소에 체력 관리를 아주 잘 했습니다. 세키노를 따라서 논문을 쓸까 했을 때, 주위에서 이 사람이 뭐냐면 체격이 좋았던 거예요. 추측 중 하나. 또 하나는 당시에 이 사람이 사진 촬영 기술을 유일하게 가지고 있었던 대학원생이었습니다. 새로 한반도에서 조사했던 유적들을 사진 콘텐츠로 남겨야 해요. 지금은 정말 3D 이런 것들이 유행하지만, 당시에는 유일한 신기술이 사진 촬영 기술이었습니다. 그전에 연구자는 전부 스케치를 했습니다. 현장에서 석탑을 보고는 '오, 석탑.' 이렇게 했었는데, 시간이 걸리죠? 사진 촬영 기술이 학문에 유용했어요. 정말 필름의 힘이 달라집니다. 금방금방 반응하는 것들을 찍을 수 있는 거예요. 이런 정보들을 수많은 학문 동지들과 나눌 수 있었던 것입니다. 그런 게 가능했던 인물이었습니다.

자, 중국에서 돌아와 공항에서 이야기를 들어보니까 베일에 가려 있었던 야쓰이 자리가 드러났어요. 그런데 가지고 있던 한국 관련 자료가 100억 정도에 팔렸다는 사실입니다. 국가 차원에서 나서서 뭔가를 해야 하는데 아쉬워요. 한반도에서 정리했던 엄청난 자료가 시장에 나온 것입니다. 일본이 조선총독부를 들여서 한국의 역사를 일본의 역사로 만들기 위해서 한 그 과정에서 생겨난 엄청난 자료가 출현한 것입니다.

국가 차원에서 바로 확보해서 연구를 해야 하는데. 국가기관에서는 예산이 많이 들고 시간도 많이 들어 정말 반응이 거의 없었습니다. 미리 이거 엄청난 자료니까 확보를 해야 합니다. 그런데 우리도 내용이 뭔지 모르겠고 우리의 사업과는 100% 일치하지 않는 것 같고 침이 바싹 마르는 거예요. 야쓰이 세이치와 세키노 타다시가 왜 발굴했는지? 뭐가 나왔는지? 그것을 조선총독부에 두고 왔는지? 일부는 일본으로 가져갔는지? 보고서가 나왔으면 왜 안 나왔는지 알 수 있는 거 아니에요. 소소한 이런 유물들은 나중에 얼마든지 찾아올 수 있는 것입니다. 중요한 것은 잃어버린 기억들을 찾는 것입니다. 그래야 제대로 비판을 할 수 있잖아요. 그들의 허물과 우리의 허물을 나누어 볼 수 있는 것 아닙니까. 그래서 이런 자료를 제대로 이해하고 확보를 해야 하는 것이죠. 개인적으로든 학술적으로든 너무나 중요한 자료가 많다는 것이죠. 연애편지도 있습니다. 이 사료로 일주일간 집사람을 괴롭혔습니다. 이걸 정말 확보를 안 하면 평생 후회할 것 같다, 라고 해서 그냥 집사람의 묵인으로 이 사료를 제가 사버렸습니다. 이 사료를 국내로 반입하는데 정말 007 작전처럼 공항에서 사왔습니다.

국립박물관 지하 창고에 잠시 차를 주차해두고 가슴 두근거리면서 학술대회를 끝내고 대구로 가져왔습니다. 내용이 재미있으니까. 기본 조사는 야쓰이가 했고, 세키노는 서류에 사인만 했구나. 이런 것을 드디어 알게 된 것입니다. 왜 낙랑군에 그렇게 집착했는지. 고조선 연구가 왜 빠진 건지를 우리가 알게 된 것입니다. 조선 고적 조사에 대해서 일본과 어깨를 겨루면서 이야기를 할 수 있게 된 것입니다. 가능하지 않았던 이런 생생한 자료를 확보하고 있으면 우리가 유리한 입장에 서 있는 것입니다.

해방 되고 난 후 몇 년입니까. 한국의 연구자가 드디어 잃어버렸던 기억을 채워줄 수 있는 여러 자료를 확보했습니다. 이런 연구는 앞으로도 관심을 가지고 해야 합니다. 그렇지만 이 연애편지를 외면할 수 없었습니다. 경주의 기록은 전혀 몰랐는데 임의로 자기들이 발굴한 것들이 있습니다. 이렇게 되어있다는 것을 아는 사람은 아무도 없어요. 특정한 조사를 위해서 조사와 관련된 도구는 어떻게 빌렸는지, 예산은 어떻게 확보했는지, 이런 것들을 알 수 있는 자료가 있었다는 것이죠. 그래서 이 사람이 1909년에 한국으로 건너와서 어떤 동선을 거쳐서 조사를 하고 일본으로 건너갔는지 알 수 있었습니다. 몇 시에 부산역에 도착했는지, 왜 평양을 거쳐서 신의주까지 갔는지, 이런 것을 알게 됩니다. 이 동선은 청일전쟁 때 일본의 루트와 같습니다.

또 하나, 임진왜란의 중요한 전투, 선조가 도망갔던 장소 등 많은 것들의 원인을 알 수 있습니다. 연구자가 가지고 있었던 것은 고대에서부터 근대까지 일본인과 관련된 역사의 흔적이 남아있는 한반도의 명성을 둘러보는 거예요. 그래서 한반도에서 일본의 지방사로 서술할 수 있는 역사를 서술하고 있습니다. 그런 내용들이 밝혀지고 있는 것입니다. 창녕에도 유명한 고분이 있습니다. 지금도 시골의 90살 넘은 노인 분들이 이렇게 증언합니다. 일본 놈들이 보물을 화차에 싣고 다 떠나버렸다는 것입니다. 당시 사진을 보면 야쓰이는 가죽 장화와 코트를 지게에 지고 있습니다. 왜 지고 있겠습니까? 결국은 한반도에 와서 이런 조사를 하고 있다는 것을 알리고 싶어서 그랬을 것입니다. 이 사람은 월급 대부분으로 옷과 모자와 구두를 사는 데 썼습니다. 아버지가 돈이 많으니까. 부인이 이 시기에 서울로 건너옵니다. 두 사람이 손을 잡고 한강에서 스케이트 탑니다. 이렇게 현장에서 옷차림이 좋은 이유가 무엇입니까? 이런 일들을 수행할 수 있는 사람들은 대제국의 일본에 잘 사는 이런 사람일 수밖에 없습니다. 너희들과 우리가 할 수 있는 일들은 분명하게 차이가 있다는 것을 명확하게 보여 주는 것입니다.

이제 이 사람의 최후를 이야기해줄 때가 되었습니다. 1921년에 아버지가 뇌출혈로 쓰러지시면서 돌아왔는데 그 후에 어떻게 되었냐는 말이죠. 결국에는 재혼을 합니다. 젊은 부인과 살면서 외동딸을 낳습니다. 야쓰이가 외국으로 유학을 갔다 오고 난 뒤 와보니까 아버지가 상속했던 모든 유산을 두 번째 부인이 스스로 외동딸한테 전부 상속한 것입니다. 야쓰이가 이걸 어떻게 해보려고 했지만 안 되는 것입니다. 그래서 형제가 많거든요? 뿔뿔이 흩어집니다. 그러다가 외동딸이 결혼을 안 하고 혼자 살다가 최근에 구십 몇 세에 돌아가신 거예요. 죽기 전에 유서가 '아버지가 조선에서 가져왔던 물건을 손대지 마라' 이것이었습니다. 근데 그 할머니가 돌아가시자마자 어떻게 되었습니까? 이 큰 저택이 비워진 거예요. 그래서 조사를 한 것입니다. 뿔뿔이 흩어진 야쓰이 가문이지만 그중에서 전혀 할아버지도 모르는 먼 친척이 먼 곳에서 살고 있었는데 어느 날 변호사가 가방을 메고 왔습니다. "야쓰이, 할아버지 중에서 야쓰이 세이치가 있습니까? 저랑 같이 가시죠." 갔더니, 야쓰이 재산을 전부 상속하겠습니다. 이렇게 되는 것입니다. 그래서 할아버지 창고에 가보니까 엄청나게 있지 않습니까? 나머지 더 중요한 보물들이 있었죠? 이런 자료는 잘 모르니까 쓰레기 같잖아요. 그래서 버리든지 너희들이 알아서 처리하라고 하고 나머지는 기록물을 모았다가 소문을 낸 것입니다. 그 무렵에 정인성이 중국에서 비행기 내리는 순간 전화가 온 것입니다.

일제강점기에서 벗어나고 싶었는데 운명처럼 다시 야쓰이를 하고 있습니다. 이 사람이 고등학교, 대학 때 찍었던 앨범들, 그 다음에 대학 때 공부했던 필기노트, 이런 필기들 잘 해놓으세요. 백 년 후에 여러분의 필기노트가 자료가 될 수 있습니다. 지금 여러분들 사사로이 종이 한 장에 메모를 하고 있는데, 기록의 소중함, 이야기를 들으면서 느끼지 않았습니까? 필기를 해야 합니다.

야쓰이가 어떤 사람인지 마지막으로 한마디만 하겠습니다. 이 사람이 대학 졸업논문에 썼던 이야기입니다. 한국과 일본의 관계는 떼려야 뗄 수가 없다. 일본과 한국의 관계에 대한 자료는 엄청 풍부하다. 그런데 원래 일본과 한국은 하나의 공간이었다. 이게 뭡니까. 일선동조론입니다. 하나의 공간. 원래 하나의 공간이었는데 불미스럽게도 떨어졌다. 이런 역사서를 만듭니다. 이미 대학원 때 이런 걸 썼다는 겁니다. 놀라운 것은 무엇이냐면, 신라가 당의 세력을 빌려서 우리한테 떨어져 나가 당의 세력이 되었다. 일본이 다시 한국을 하나의 공간으로 넣었다고 생각을 하니까, 다시 아름다운 세계가 도래하게 되었다는 것이죠. 그 이후에 한반도와 일본이 사이가 좋았을 때는 정말 지상낙원이었다. 그렇지만 조선이 수복이 없는 것도 우리가 떨어져 나간 죄요, 이렇게 설명을 하고 있는 것입니다. 그래서 사실 신라왕 석씨는 일본 사람입니다. 여기서 단서가 나오죠. 왜 일본 사람들이 경주에 초점을 두었는지, 왜 석굴암을 복원했는지, 여기서 답을 찾아야 합니다.

무엇이겠습니까? 경주는 원래 일본이었다. 고대 기록들을 보아라. 1500년 전에 무력으로 지배를 한 것이 신라 아니냐. 이런 역사관을 가지고 있습니다. 이런 것을 현실 세계에서 문화유산을 통해서 검증하고 싶었던 겁니다. 그래서 대학원 때 이것을 쓰고 경주에 와서 삽질을 한 것입니다. 왜? 역사서에 나오는 일본이 신라를 지배했다는 이것을 현장에서 검증하고 싶었던 것입니다. 그래서 우리가 내용을 모르면서 막연하게 일본이 경주에 있는 우리의 문화유적들을 파괴하기 위해서 온갖 나쁜 짓을 다 했다, 라고 하지만 사실은 더 검은 부분이 있는 것입니다. 그들은 파괴하지 않았습니다. 물론 파괴한 흔적도 있었죠. 거칠게 발굴을 하고 그랬습니다. 그렇지만 국가에서 파견된 발굴자들은 경주의 유적들을 최선을 다해서 복원을 하려고 했습니다. 왜? 이게 더욱 나쁜 겁니다. 경주는 그들의 역사라고 생각을 했기 때문입니다.

놀랍지 않습니까? 너무 과한 해석이 아닙니까? 라고 생각을 할 수 있죠? 볼까요? 신공황후가 신라를 정복해서 오랫동안 이들이 일본에게 조공을 바쳤습니다. 그들은 정말 그들의 역사서에 나오는 이야기를 신뢰했습니다. 야쓰이는 도쿄제국대학에서 이런 이미지를 만드니까, 우표에 신라를 정복했다는 신공황후를 만들어보라. 처음에는 유럽에서 건너온 기술자에게 맡기니까, 신공황후의 얼굴이 유럽 사람 같지요? 그러나 경주에서 발굴하면서 그 이미지를 조금씩 바꾸어 갑니다. 그러면서 이게 메이지 시대를 지나면서 선풍적인 인기를 끕니다.

신공황후가 이미 몇 백 년 전에 한반도를 지배했다더라. 그럼 메이지 시대에 성공한 대일본제국이 조선을 침략하는 것은 당연한 이야기가 아니냐. 그런 것들을 제대로 알아야 합니다. 일본의 온갖 신사에 신공황후가 보관되어 있습니다. 경주에 다보탑, 불국사 아닙니까? 여기서 신공황후가 앉아있습니다. 세 사람이 머리를 조아리고 있죠. 이 사람들이 신라 왕, 백제 왕, 고구려 왕입니다. 이런 이야기를 하는 것입니다. 결국은 경주라는 공간은 신공황후가 지배했던 공간이었어요. 그런 생각이 일본 사람들에게 차 있었던 거예요. 그런 사람들이 경주의 불상을 발굴합니까? 석굴암을 복원 안 합니까? 그런 것이 아니라는 것입니다. 더 중요한 것은 정말 그 사람들이 무엇을 하려고 했는지를 알아야 합니다. 보세요. 일본이 정말로 열광하던 그런 역사였습니다. 그러면서 이런 교과서에 있는 역사를 현실 정치에 데려옵니다.

신공황후의 삼한 정벌, 이런 게 교과서에 실려 있습니다. 신공황후가 거쳐 간 길까지 표시되어 교과서에 나옵니다. 지난해에 많은 역사학자들이 역사 교과서 국정화에 반대했던 이유이기도 했습니다. 국가에서 하나의 교과서만 배우게 하는 것은 안 된다. 역사서의 결론은 하나일 수 없다는 것이죠. 한국을 강제 병합한 다음에 기념엽서를 만드는데 이 기념엽서의 상징 인물이 또 신공황후입니다.

자, 마무리를 하겠습니다. 임당동이 도굴되는 것을 들어봤습니다. 그래서 도굴이 어떤 문제점이 있는지 이야기했더니, 지금 일어난 일들이 아니고 일제강점기에 나쁜 일본 놈들이 했던 것이다, 라는 이야기가 현장에서 당연한 것처럼 여겨집니다. 또 한편으로는 우리가 져야 하는 책임들을 끊임없이 일본에게 전가시키면서 그들이 정말로 무엇을 했는지는 알고 싶어 하지 않는, 그런 분위기가 더 이상 계속 되어서는 안 되겠다는 생각을 합니다. 이제는 한국 사회, 해방 직후에 그런 혼란스러운 시기가 아니잖아요. 분명히 나쁜 일본이 필요한 시기가 있었습니다.

지금은 분명히 합리적인 사고를 하면서 그들의 진짜 잘못과 혹은 해방 이후에 우리가 져야 하는 잘못을 구분해서 봐야 하는 것입니다. 묻지도 따지지도 않고 일본은 무조건 아니다, 라고 해야만 애국과 가까워지는 이런 사회가 되어서는 안 됩니다. 우리의 잘못을 우리의 잘못이라고 준엄하게 비판할 수 있는 그런 사회가 여러분이 희망하는 사회가 아닙니까? 그런 것들을 일제강점기 도굴, 혹은 문화유산 이런 것들을 보면서 반추해볼 수 있는 그런 시간이 되었으면 좋겠습니다. 감사합니다.

쇠와
문명

조 계 현

영남대학교 신소재공학부 교수

영남대학교 신소재공학부 교수. 미국 펜실베이나 주립대에서 박사 학위를 받았다. 주요 저서로는 『습식표면분석실습교재』, 『2006년도 부식방식강습회 교재』등이 있다.

반갑습니다. 방금 소개받은 신소재공학부 조계현입니다. 가끔씩 대학생들 앞에 선다는 게 부담스럽기도 합니다. 반갑기도 하구요. 여러분, 요 근래에 와서 아주 대단한 사람들 앞에 '갓' 자를 붙이기도 하던데, 옛날에 god을 붙인 것은 어떻게 보면 잘 모르는 신비 그런 것을 가진 분들이 주로 신으로서 추앙이 되었는데, 소재 역사에서 재료를 가진 소수 특권층들만 만드는 방법을 공유를 했죠. 그게 전부 소위 말하면 도제식으로 사람에서 사람으로 노하우로 전달이 되었습니다. 상당히 많은 것들이 상징으로 남아있죠. 첫 번째로 상징성과 문자에 대해서 이야기해볼까 합니다.

　여러분도 영남대학교에 입학하셨는데 너무 잘했다는 것을 문자와 수학의 상징성으로 간단히 보여드리고 넘어가겠습니다. 이 앞에 있는 내용들은 미국의 노벨 수상자가 강연을 하면서 우리나라에 소개되었는데 그야말로 상징이나 숫자입니다. 알파벳 하고 숫자 하고 일 대 일 대응. 우리 인간이 어떻게 하면 성공을 할 수 있을까를 가지고 숫자 계산을 한 것이죠. 어떻게 하면 완벽한 점수가 나올까. 96% 나와 있죠. 어떤 사람은 사랑이 최고다. 사랑을 해보고, 어떤 사람은 운발을 받아야 한다고 하고. 돈이냐, 돈이 최고라고 이야기하는 사람들도 있죠. 어떤 사람들은 리더십이 최고다, 라고 이야기하는 사람도 있죠. 찾아낸 것이 바로 attitude, 태도이죠.

오늘 같이 여러분이 좋은 자세로서, 한 시간 같이 했으면 좋겠다는 생각을 갖고 있는데, 태도를 100% 라고 이야기하는데 저는 여러분에게 숫자의 상징성을 가지고 어떻게 좋은 대학에 왔는가를 알아보겠습니다. 여러분, 서울대 가야지 성공한다고 서울대 다시 가라고 혼난 사람이 있죠. 72% 밖에 안 됩니다. 서울에 있는 연세대, 이 정도밖에 안 되죠. 놀랍게도 우리 영남대학은 100점입니다. 그래서 사실 여러분이 영남대학에 원해서 온 사람도 있지만 그렇지 않은 사람도 있을 텐데, 숫자의 상징성을 가지고 보면 일단 여러분은 성공을 했다. 미래엔 성공할 거라고 저는 믿습니다. 두 번째 얘기는 신화와 소재 과학인데요. 상징성과 과학에 관한 이야기입니다. 이 세상이 어떻게 시작되었는가? 신화 이야기를 다 하려고 하는 것은 아닙니다. 신화에서 우리에게 주는 이야기가 있는데 세계에 있는 창조 신화, 잘 아는 창조 신화. 이 세상은 어떻게 창조되었는가에 대한 이야기이죠. 제가 주로 말하는 것은 이것입니다.

이 세상의 창조 신화 중에서 이전부터 신화 속에 들어가 있는 소재, 금속, 암석, 진주와 옥석. 사실 진주와 옥석이나 암석이 다 소재 입장에서 보면 유기물에서 세라믹이 된다 같은 그런 소재들이죠. 그래서 이런 소재들을 만드는 것 자체가 굉장히 신화적인 요소와 내용이 들어가 있는데, 이외에도 실제 연금술을 이야기할 때, 연금할 때 영어로 metal이라고 합니다. 그래서 어떤 사람들은 이외에도 '연금술사' 이렇게도 번역을 하기도 하죠. 사실 연금술사, 마술이라고도 이야기를 하는데, 마술은 사실 이슬람 쪽에 있는 과학 기술자입니다. 그래서 기원전 2000년, 3000년 전에, 그 당시에 옥상에 물을 올려서 꽃을 만든 사람들이죠. 이 사람들이 많은 과학기술을 이용해서 옥상에 물을 가져다가 끌어올렸죠. 그래서 그 사람들을 마술사라고 부르는데, 어떻게 보면 마술도 과학이죠. 속이는 그런 행동입니다.

야금술에서도 보게 되면 용광로, 그걸 만드는 일들이 쇠는 원래, 이 지구상에 쇠가 제일 처음에 온 것은 운석이죠. 중국에 운석을 제일 많이 찾으러 가죠. 우리나라에도 큰 운석이 떨어져서 그거 찾느라고 돌아다녔는데 그게 참 비싼 돌이고 과거에도 비쌌습니다. 운석은 자연스럽게 우주적으로 존재하는 것이었습니다. 당시 존재하는 걸 시간적으로 가만히 두면 쇠가 생기는데 그 쇠를 가져다가 바르게 만드는 일을 하는 사람이 바로 야금술사입니다. 이 사람들이 그걸 하려고 하다보니까 뭔가 귀한 것을 얻는 것 대신에 귀한 것을 내놓는 일을 하잖아요.

여러분이 잘 아는 야금을 할 때, 제사를 지낼 때, 인신제사 거기에 주로 아주 귀한 아이, 여성들을 바쳐 제사를 지냈죠. 이런 귀한 쇠들을 얻는 것 자체가 자연적인 것을 벗어나는 것이라서 하늘에 제사를 지낼 때 그런 행위가 있었습니다. 실제 운석 기술이 석기, 청동기시대로 진행되면서 전 세계 어디에서도 철을 가공하는 것을 하늘에서 온 색깔로 했습니다. 그래서 이 운석은 신성성을 가지고 있습니다. 하늘의 특성을 지닌 것으로 생각을 해서 여러분이 중요하게 생각하는 것의 상징들은 다 철입니다.

운석은 신성을 가지고 있는 존재입니다. 메카의 카바, 무슬림들이 절하고 있는 방향이죠. 거기에 모셔져 있는 것이 과학적으로는 철이다, 하늘에서 온 운석이다, 이렇게 알려져 있는데, 이슬람 사람들은 아브라함이 올리브 기름을 오래 놔둬서 그것이 쇠가 된 것이라고 하죠. 아마 메카의 카바, 그 돌이 최고의 신성성을 가진 소재로 생각합니다.

그 외에도 아까도 이야기했지만 지식, 노하우가 신선하고 관계가 있는데, 우왕은 아주 중요한 사람이죠. 중국에서 치산치수를 잘해서 왕이 된 사람인데, 이 사람의 원래 직업은 금속 야금장이입니다. 그래서 가마솥을 만든 사람이고 암 금속과 수 금속을 구분한 사람입니다. 재료를 가지고 만든 사람들이 과거에는 역사

시대가 시작되면서 거의 다가 야금학자들이 발견된, 그런 일들을 볼 수 있습니다.

그래서 철기시대, 처음에 석기시대에서 철기시대로 넘어오면서 아주 강한 무기를 만들 수 있는 금속 소재, 이걸 만들 수 있는 사람은 아주 신적인 존재로 추앙받았죠. 그 이유가 무엇입니까? 여러분들이 알고 있는 땅, 돌 속에서 만들어내기 때문에 그렇게 생각을 했던 거구요. 그런 사람들은 지금 보면 빌 게이츠랑 똑같은 사람이었어요. 왜냐하면 쇠가 너무 쌉니다.

포항 제철소에서 만든 쇠 1kg이랑 물 1kg 값을 비교하면 쇠가 더 쌉니다. 왜 그렇습니까? 쇠는 재활용이 가능해서 그렇습니다. 그래서 계속 재활용하는데 이 쇠는 말이죠. 과거에 김해 대성동 고분군에서 철정이 나온 적이 있습니다. 보신 분들 있을 거예요. 철정 하나 가격이 지금으로 치면 금 가격과 같습니다. 엄청나게 비쌌습니다. 그럼 쇠는 아무나 씁니까? 그렇지 않습니다. 6.25 때도 무기를 가진 사람이 많이 없어서 당시 무기로 썼던 것이 죽창과 농기구입니다. 쇠는 아무나 가질 수 없었습니다. 중세에서 근대까지도. 쇠가 사실 비싸게 만들어지다가 싸게 만들던 게 용광로의 시작부터였습니다. 쇠를 만든 사람은 모든 사람들이 보기에 아주 뛰어난 지식을 가지고 부자이면서 권력자이면서 제사장이고, 그런 성격의 사람이라는 것을 잘 알 수 있습니다.

여러분 잘 아는 그리스 로마 신화에서 대표적인 신 중에 하나가 헤파이스토스 신입니다. 대장장이 신인데, 이 대장장이 신을 보며 그리스로마 사람들이 참 재미있다고 생각했던 적이 있었습니다. 대장장이인 아주 못생기고 키도 작은 신한테 미의 여신 아프로디테를 아내로 붙여놨죠. 너무 못생겼기 때문에 붙여놔서 뭔가 균형을 잡고자 한 것이 아니냐고 생각을 할 수도 있는데, 실제 당시의 대장장이는 최고의 권력자이면 최고의 부자였습니다. 그래서 미와 부도 따라붙는 게 당연했어요. 그러나 이 대장장이 신은 아주 못생기고 추한 그런 사람으로 그려져 있죠. 쇠를 만드는 기술에 기인을 합니다.

특히 청동기시대에는 야금을 하게 되면 청동기의 불순물에서 비소 등의 물질이 나옵니다. 비소를 쓰게 되면 뇌에 작동을 해서, 소위 말하면 다리를 절게 되어 있습니다. 신화 속에서 예정되어 있는 지식은 직업병을 앓고 있는 그런 것이죠. 다 연계가 되는 것인데 제가 나중에 다시 이야기하겠지만 석탈해왕도 삼국유사의 기록에 의하면 아주 키가 작고 머리 둘레가 기형의 인물로 나옵니다. 그 사람은 삼국유사나 삼국사기에 보면 '나는 젊어서부터 야금장이었다.' 라고 나옵니다. 그래서 동일한 직업병을 앓고 있던 사람들이 동일한 범주를 갖고 있는 것을 알 수 있죠. 그 이후로 대장장이라는 전 세계의 다양한 사람들이 있습니다.

당시의 역사에서 대장장이들이 제사장과 왕과 권력자, 경제적 부를 가진 사람이라는 것을 알 수 있습니다. 여기서도 보면 그런 기록과 신화를 볼 수 있습니다. 아까도 이야기했지만 석탈해왕 같은 경우, 신라왕 중에서 죽어서 신이 된 사람은 석탈해왕 한 사람밖에 없습니다. 죽어서 무엇이 되었다고요? 동악신이 되었다. 동악신은 토함산을 이야기하죠. 토함산은 석탈해왕과 매우 관련이 있습니다.

앞에서 이야기했듯이 이 석탈해왕은 야금장이의 기록이 나온 사람인데, 이 사람도 동일한 직업병을 앓고 있었던 것이죠. 그럼에도 불구하고 이 신라 땅, 신라 땅이 어떤 땅입니까? 매우 보수적인 땅이죠. 옛날에는 골품제도라고, 그래서 어려운 동네였습니다. 그런데 박 씨의 사위 가문이 유리왕의 사위가 되는데 거기에는 이 사람이 가지고 있는 철에 대한 지식, 그것으로 부와 권력을 같이 갖게 되었다고 해석할 수 있습니다.

고구려도 마찬가지입니다. 고구려에 야철신의 일화가 있는데, 이 사람이 하늘의 옷을 입고 있는데, 바로 우리가 신으로 대접했다는 것을 알 수 있습니다. 에밀레종 이야기를 많이 들었죠. 경주에 있기 때문에 알 겁니다. 저도 에밀레종을 볼 때마다 저의 선배, 야금학자들이 매우 자랑스럽습니다. 왜냐하면 1500년 이상을 칠 수 있을 정도로 거대한 종으로 주조했다는 것이 매우 자랑스럽습니다.

제가 처음으로 미국 유학을 갔을 때에 자유의 종이 있습니다. 이게 무엇이냐 하면 미국이 독립할 때, 자유의 종을 만들어서 쳤는데, 불과 250년 정도밖에 안 되었는데 종이 깨져 있습니다. 잘 못 만들어져 있는 것을 보고 기뻐하면 조금 그런데, 깨진 종을 보고 나서 우리 조상들이 1500년 전에 만든 종은 계속 지금도 칠 수 있는 종인데, 꼴랑 250년 된 깨진 종을 매달아놓고 그게 역사 인 것처럼 자랑하는 당신들 참 가소롭다, 그런 생각이 들었습니 다. 그만큼 에밀레종은 아주 기술적으로도 타고난 종입니다. 종 소리가 일차 타원부터 시작해서 1분 이상 지속이 되는 그런 종이 많지 않습니다. 그래서 아주 엄청나게 설계가 잘된 종인데, 여기 에는 바로 합금 설계 기술이 있습니다.

우리 조상들이 종을 만들 때 청동을 썼는데, 우리나라에는 주 석이 난 적이 없습니다. 근데 청동에는 동하고 주석이 들어가야 하죠. 그래서 주석은 전부 다 수입을 해서 쓴 것입니다. 초기 시 대부터 수입을 한 거예요. 청동기시대에 어디에서 수입을 해옵 니까. 그건 사실 우리의 생각이죠. 과거에 전 세계에 청동의 주 요한 금속인 주석이 생산된 일이 많지가 않아요. 그래서 청동기 시대 때부터 무역이 왕성하게 있었다는 것을 알 수 있는데, 그러 다 보니까, 우리나라의 청동엔 납이 굉장히 많이 들어가 있습니 다. 왜? 우리나라에서 납이 나니까 쌉니다. 신라 시대는 이 청동 에 납이 들어가면 소리가 좋지 않다는 것을 알고 있었습니다.

우리는 지금 알죠. 현미경도 있고 성분을 분석하는 다양한 장 비가 있어서 분석을 할 수 있었는데, 이 사람들은 그런 것 하나도 없이 그것을 알고 납을 안 넣었습니다. 다시 말해서 주석이 들어가면 비싼 종이 될 수밖에 없지만 무려 20톤이 되는 종을 설계하였습니다. 그런 조상입니다. 사실 더 유명한 게 뭡니까. 어린아이를 넣어서 주조를 했다는 것이죠. 종을 치면 종소리에서 '에밀레' 라는 소리가 나는 것이 엄마를 찾는 소리이다, 라고 했습니다. 그래서 과학자들이 조사했는데 제가 잘 아는 분이십니다. 포항 산업개발연구소에 신 박사라고 계시는데 그분이 분석을 맡아서 했어요. 했는데, 사람이 들어가게 되면 사람의 무기물 중에서 가장 잘 고용되는 물질은 '인' 입니다.

지금은 사실 도깨비도 없고 귀신도 없어진 지 오래되었죠. 어렸을 때만 해도 도깨비하고 귀신이 있었죠. 믿거나 말거나인데, 과거에 어렸을 때, 도깨비불을 많이 볼 수 있었는데 그게 인으로 된 불입니다. 사람의 뼈에 있는 인이 발하면서 바로 도깨비불이 생겼는데 에밀레종을 분석했더니 인이 없는 걸로 밝혀졌어요. 그래서 주조할 때 사람을 넣지 않았다는 것이죠. 무슨 이야기를 하고 있는 겁니까.

청동을 주조할 때, 20년 동안 주조를 해왔다고 생각해보세요. 엄청난 것이죠. 시험을 20년간 치는 것도 참 어려운데, 20년간 쇠를 가져다가 주조하고 쇠를 붓고 하면서 얼마나 많은 사람들이 다치고 죽었겠습니까? 산업재해로 많이 죽었을 겁니다. 그게 신화로 남을 수 있다고 생각합니다. 또 하나는 뭡니까. 아까 이야기했지만 매우 귀하고 중요한 일이 있을 때 무엇을 합니까? 중요한 것을 바쳐야 합니다. 어린애를 바칠 만큼 중요한 종이었다. 이렇게 우리가 그렇게 해석할 수 있을 것입니다.

신이라는 것은 지적인 노하우, 아무나 전해주는 것이 아니죠. 그것을 통해 전달해왔습니다. 여러분들 잘 아는 고려청자 같은 건 한동안 단종이 되어있었죠. 제일 잘 만들었던 분이 양 노인으로 알려져 있어요. 양 노인이 두 제자를 기르면서 전수하다가 서로 간의 문제가 있어서 기술 전달이 안 되고 결국은 고려청자가 단종이 되었다, 이렇게 이야기하는데 과거의 기술이나 현재도 마찬가지입니다. 자기 기술을 잘 전달 안 해주려고 그러죠. 기술자들은 그렇습니다. 과학자도 마찬가지이죠. 과학자와 기술자는 자신의 기술을 잘 전수해주지 않는다. 그래서 요 근래에는 시스템으로 돌립니다.

과학기술을 전달하는 방법은요, 특허로 20년을 보장을 해줍니다. 대신에 전 세계에 공표를 하죠. 20년간 독점하여 기술을 사용하는 대신에 공개적으로 공표합니다. 대학교수들이 연구를 하는 것은 굉장히 첨단적인 기술이죠. 그렇지만 대학에서 발표하는 논문이라든가 대학교수가 연구 과정 학생들과 같이 공개하게 되어있습니다. 대중에게 공개하도록 하는 데 기반을 두고 있습니다. 과학기술 전체가 잘 전달되도록 하기 위해서. 과거처럼 비리에 의해서 몇몇 사람들에게만 전달해주면 위험하죠. 그 기술자가 죽거나 없어져버리면 기술이 끊어지는 거예요. 그런 게 지금은 완전 시스템으로 극복이 되고 있다고 이야기를 할 수 있습니다.

재료 탄생 배경을 보면, 앞의 설화에서 시작해서 지금은 과학적인 내용들로 넘어가게 되는데 그게 가장 많이 받아들여지는 게 '산불선언.' 우리나라에는 이런 쇠가 없죠. 왜냐하면 우리는 거기다가 쇠가 매장되어있는 광산이 땅속 깊이 있어요. 근데 중국, 미국의 광산은 땅에 노출되어 있는 노천 광산이 매우 많습니다. 산 전체가 광산이에요. 산불을 끄고 나면 산불 난 산 밑에 있는 광석이 똑같이 쇠가 만들어질 수 있겠죠. 그게 바로 산불과 광석이 같이 어울려서 쇠가 되어 있더라는 것이죠.

채광 착오라는 것은 처음의 소재, 동이라는 것에서 우연히 일어납니다만, 우리 인간은 그 우연 속에서 지적인 눈을 가지고 있죠. 그걸 가지고 쇠를 만들어가는데, 처음에는 청동을 가지고 만들다가 청동 광석인 줄 알고 채광을 해보니까 잘못 가져왔어요. 철광석을 가져온 것입니다. 그래서 청동기시대에서 철기시대로 넘어왔다는 것이 채광 산업입니다. 우리의 인류가 7000~9000년 전부터 이미 운철을 이용해서 두드립니다. 뭐가 됩니까. 쇠이기 때문에 뭐든지 만들 수 있습니다. 그래서 탑이라든가, 화살촉, 이런 것을 만들어서 썼습니다.

그다음에 여러분이 잘 아는 토기는 어떻게 만들었나? 토기 만드는 기술은 원시인들이 우연히 강가에서 많이 살았죠. 강가는 물이 많아서 농사 짓기도 쉽고, 물고기 잡기도 좋고. 그래서 강가에서 물고기를 잡아다가 구워먹다가 찰흙 위에서 불을 지피기 시작했는데, 이 찰흙이 불에 의해서 열이 가해져 토기가 되었고 그게 바로 새로운 토기의 발견입니다.

유리가 어떻게 발견이 되었는가? 유리는 기원전 1세기에 만들어졌는데, 소다 장수가 바닷가에서 배를 기다리고 있다가 너무 추우니까 불을 피웠습니다. 갑자기 바닷바람이 많이 불어서 이 불이 소다 쪽으로 옮겨 붙은 거예요. 유리는 뭐하고 섞으면 됩니까? 1차적으로 소다하고 모래를 섞으면 됩니다. 그래서 우연히 모래가 녹아서 그게 굳어져 유리가 만들어졌다. 그것이 유리의 기원입니다. 그래서 사실 인간의 발명이 기껏해야 '우연이다' 는 것입니다. 사건이 발생하면 어느 날 갑자기 있다가 내가 그릇을 만들어야겠다, 해서 연구를 엄청 열심히 해서 그릇을 만들고, 나는 유리를 만들어야겠다, 해서 유리를 만들고 뭐 그런 이야기이죠.

근데 사실 과학에서는 두 가지를 같이 놓고 이야기합니다. 어떤 우연에 과학적으로 접근을 해서 그걸 이해하지 못하면 새로운 발견이 없는 것이죠. 그래서 현재도 어떤 사건이 있고 나서 그걸 가지고 과학적으로 검증해서 나온 것이 많습니다.

대표적으로 말씀을 드리면요. 아라미드 펄프를 만드는 사람은 우리나라에서 가장 좋은 소재를 만들어냈는데 그걸 만든 사람이 여러분의 선배입니다. 물론 그 사람 혼자서 만든 것은 아니죠. 우리 영남대 화공과를 나온 사람인데, 일을 굉장히 열심히 했어요. 아침 9시에 출근하면 보통 밤 11시, 12시까지 열심히 일을 했습니다. 만들고 분석해보고, 이걸 수백 번 이상 한 겁니다. 그러다가 어느 날 실험을 해보니까 아닌 거예요. 그래서 오늘도 실패했구나, 하며 그걸 집어서 쓰레기통에 던지고 퇴근을 했습니다.

그다음 날 왔어요. 여러분들 연구를 열심히 하다 보면, 저도 그럴 때 있습니다. 자신의 차 키를 한 시간 동안 찾았는데 못 찾겠더라고요. 사람을 다 동원해서 찾았습니다. 그래서 제가 쓰레기통에 쓰레기를 버린다고 버렸는데, 차 키가 거기 있는 것이죠. 찾기 위해서 어제의 쓰레기통을 뒤져보지요. 그러면서 어제 저녁에 버린 소재를 아침에 보니까 다르게 변해있는 거죠. 거기서 전 세계에서 가장 좋은 소재를 발견했습니다. 바로 이것이 우연이기만 한 겁니까? 사실은 두 가지 다죠. 이런 일들이 역사적으로 일어나는 것은 아까도 이야기했지만, 우연히 소다 장수가 어떻게 유리를 발견했겠습니까? 뭔가 창의적인 아이디어를 가지고 자세히 봐야죠. 자세히 보고 원인과 결과를 따져보고 찾아낸 것이죠.

역사와 과학에는 필연적인 요소들이 있다. 그렇게 얘기를 할 수 있습니다. 그래서 바로 여기에 고대 철, 현대 철을 만드는 기술이 거의 같습니다. 다른 것이 뭐냐. 바로 대량생산 체제를 가지는 것하고 고급 기술이 다르죠. 현재도 그런 기술을 가져가고 있습니다. 과거에는 온도를 올리는 기술이었습니다. 온도 50도, 100도 올리면 소재를 만드는 기술의 판이 달라지는 것이죠. 그래서 다시 말하면 철기시대를 연 기술이죠. 별거 아니죠. 그게 생기면서 철을 만드는 기술이 생기는 것이죠. 철을 제일 먼저 만든 곳이 히타이트족이죠. 히타이트는 신화였습니다. 증거가 없었습니다. 그러다가 그것이 근대에 와서 히타이트문명이 발굴이 되었죠.

쐐기문자가 발굴되면서 얼마나 좋은가. 세계적인 글에 확연하게 나와 있습니다. 뭐라고 나와있는가 하면, 그 당시에 히타이트 주변에 있는 오리엔탈 지방에 있는 왕들에게 신년 인사를 왔다가 히타이트 왕에게 옵니다. 오면 히타이트왕에게 모든 사람들이 부탁하는 게 무엇이냐면, '올해는 우리나라에게 히타이트 쇠를 조금만 더 주세요' 입니다. 다 같이 사이좋게 지내야 하니까 올해는 요만큼만 줄 테니까 내년에 더 줄게. 우리의 생산량이 얼마 안 되니까 이것만 가져가라. 그렇게 장사를 했습니다. 그야말로 독점적인 소재를 생산하게 된다면 그렇게 장사를 하게 되는 것이죠.

그런데 말이죠. 우리나라에도 그렇게 장사를 했던 적이 있습니다. 포스코가 현대자동차와 현대중공업에 쇠를 팔면서 현대 정주영 회장이 굉장히 공격적으로 팔려고 하니까 쇠가 있어야 합니다. 그래서 포스코에다가 이야기를 합니다. 쇠를 이만큼 주시오. 올해는 우리가 생산량이 요것밖에 안 되니까 내년에는 더 줄게. 아니, 내가 내 돈 주고 쇠를 사겠다는데 내년에 더 주겠다고 하면 어떻게 합니까. 그래서 정주영 회장의 평생 소원이 제철소를 짓는 데 있었습니다. 그러나 정주영 회장 살아있을 때, 결국은 제철소를 만들지 못했습니다. 그 이후에 아들들에 와서 제철소를 짓게 되지요. 역사는 반복된다는 이야기를 하는데, 지금부터 3500년 전에 그때 쇠 파는 장사 이야기와 포스코가 정주영 회장한테 쇠 파는 이야기가 어쩜 그렇게 닮아있는지. 데자뷰로 이야기를 하는데 그 정도 수준이라고 할 수 있습니다. 그래서 신소재 기술 발전에서 정말 분명한 것은 온도 열을 올리는 기술이라고 할 수 있고요. 원산지를 이야기했었는데 말레이반도 이쪽에 프랑스, 영국이 주석의 상징이라고 합니다.

청동기시대 하면 흔히 그렇게 생각을 하죠. 가죽옷 입고 사냥해서 사슴이나 잡아먹고. 그렇게 생각하는데 절대 그렇지 않다는 것이죠. 당시에도 무역업을 원거리에서 했다는 것을 알 수 있습니다. 주석을 가지고 왔다는 것에서 역사의 증거를 이야기할 수 있습니다. 자, 그래서 이런 기술들의 전파는 다양하게 진행을 해왔는데, 한반도의 최고 기술이 일본으로 가게 된 이야기 많이 들었죠? 바로 칠지도 이야기를 많이 들었을 것입니다. 이 기술이 오래 안 되었습니다. 지금으로부터 약 4~500년 정도 밖에 안 되었습니다. 과연 많은 과학기술 중에서 중국의 야금 기술이 맞는 가라고 주장하는 사람들이 많습니다. 고급 기술입니다. 그래서 이 칠지도가 왜 중요하냐면, 탄소가 굉장히 적은 것을 만들어서 야금을 해서 일본에 줬기 때문에, 굉장히 중요한 기술들로 알려져 있습니다. 기록이 안 돼 있지만 전해진 것은 틀림이 없습니다. 왜? 제품이 나와있기 때문에. 제품이 있다는 것은 무엇을 의미하는 것인가. 기술이 있었다는 것을 의미하겠죠.

한반도의 기술자들은 뛰어난 기술들을 가지고 있었습니다. 그래서 석탈해왕과 수로왕의 이야기인데요. 석탈해왕은 역사 기록상, 확실히 야금공입니다. 그런데 김해에 있는 가야 김수로왕 같은 경우에는 야금학자라는 기록은 없습니다. 그렇지만 당시 지배층의 특징을 보면 틀림없이 야금을 한 사람이 굉장히 많을 것이라고 되어 있는데, 석탈해왕은 '나는 원래 야금장이였다.' 라고 나와 있습니다. 중국의 우왕도 야금장이였고요. 용광로, 최고의 야금학자는 최고 정치인이고 최고 종교인이었다. 그래서 석탈해왕 외모를 묘사했는데 이런 신체 구조를 보면 오랫동안 그 비밀을 지적 노하우로 가지고 있었기 때문에 헤파이스토스신과 동일한 직업병을 가지고 있었을 것이라고 추측하고요. 아주 독한 물질에 노출되면 걸릴 수 있는 직업병이라고 이야기할 수 있고요.

자, 이 석탈해왕이 신라에 들어와서 왕이 되는 과정을 쭉 이야기하고 있습니다. 제가 그 이야기를 다 하려고 하는 건 아니고요. 다만 지금 알고 있는 신라 왕궁, 월성 자체를 왕궁으로 삼게 된 기반이 바로 석탈해왕입니다. 월성이 걷기에도 좋고 아주 편안하고 아름다운 형태이죠. 어떻게 보면 큰 궁터로 보기에는 아주 작은 땅이지만 여기서 시작된 건 기록상 틀림없고요. 지금도 발굴을 열심히 하고 있죠. 아까도 이야기했지만 이 사람은 유일하게 신라에서 죽어서도 신이 된 분이죠.

신라에서 박 씨의 사위가 되고 나서 왕이 되었는데 이 양반의 시대에 역사적 기록에 나와 있는 게, 김알지 신화이죠. 석탈해왕 때 이야기입니다. 김알지의 어떤 김 씨, 김수로왕의 김 씨, 다 쇠 '금' 자를 쓰죠. 다 쇠하고 관련된 사람이라고 알 수 있습니다. 그래서 보시면 지도를 보면 월성이 있고 월성 옆에 계림이 있고 그 옆에 동궁과 월지가 있죠. 이 땅 도성의 시작이 석탈해왕이라고 할 수 있고요. 석탈해왕이 어디에서 왔는지에 대해서 신화학자들의 여러 가지 이야기가 있는데, 그중 하나에서 바로 가락국으로 해서 토함산으로 들어온 경로를 알 수 있습니다. 바다의 연안을 타고 이동하는 것이죠. 과거에는 사실 육지로 들어오는 게은 어려웠죠. 특히 야금장이한테는 더 어려웠습니다.

야금을 한다는 것은 무엇입니까? 기본적인 큰 쇠, 모루라는 큰 쇠는 장시간을 들고 오기 어렵습니다. 그래서 산으로 들고 오기는 어렵고 다 배로 이동했습니다. 그게 첫 번째고요. 두 번째는 강과 바다에서 쇠가 가장 많이 나는 것이 모래였습니다. 그다음에 세 번째는 김해 가락국. 그래서 제가 김해를 많이 가봤는데, 무척산과 불모산을 중심으로 해서 이 근처에 여러분도 잘 아는 상동과 물금. 그곳에서 1980년대까지 나왔습니다. 과거에 원광석이 나오고 지금은 불순물이 많아서 쓰지 않습니다. 환경적으로 아주 좋은 쇠를 만들 수 있습니다. 그래서 가야 철이 동북아에서 가장 중요해진 것이죠. 그리고 경주 월성 쪽입니다. 이쪽이 다 유명했던 산인데, 이 양반이 이동했던 데가 다 철을 따라서 이동한 산입니다. 무척산이 중요한 산인데, 김수로왕의 릉이 여기 있습니다. 실제 과거에 김해평야 거의 다가 바다였습니다. 지금은 전부 육지로 해서 평야로 되어있지만 그때는 바다였습니다. 대성동 고분군, 이런 것들이 대부분 섬 정도로 볼 수 있습니다. 여기서 가야 철의 유명한 산지가 되고 그랬는데, 수로왕이 김 씨고, 동북아 최고의 산을 만든 산지라서 수로왕릉이 있습니다.

이 양반하고 석탈해왕이 둘이서 술법으로 겨루는 얘기가 있습니다. 지금 들으면 장난치는 이야기 같죠. 글쎄, 이런 것이죠. 이세돌 9단이 바둑을 아주 잘 두죠. 일본에서 바둑을 잘 두는 선수와 만났습니다. 둘이 만나서 '반갑습니다, 이렇게 만났는데 권투나 하자'고 하면 이상하잖아요. 권투가 아니라 바둑을 두어야 말이 되죠. 왜냐하면 뛰어난 바둑 선수끼리 만났는데 그들이 바둑을 둬야지 강렬하죠. 아까도 이야기했지만 석탈해왕은 야금학자입니다. 이 사람이 김수로왕을 만나 둘이서 술법을 겨루었는데 석탈해왕이 항복을 했습니다. 다시 말하면 당신하고 내기를 했는데 내가 졌다, 이 말이죠. 이 이야기를 가지고 우리가 합리적으로 보면 야금 기술이 누가 더 좋은지 겨룬다고 하면 아까 이세돌 이야기와 마찬가지이죠.

여러분, 기술자들은요. 기술을 한 번 보면 압니다. 나보다 더 나은지 알 수 있습니다. 한 번 보면 해답이 나와요. 증거를 대면요. 삼성전자가 정말 잘나가죠. 1등입니다. 1등을 할 때, 이 기술을 베끼러 가신 분이 제가 잘 아시는 분입니다. 이분이 삼성 이병철 회장이 살아있을 때, 몇몇 회사에 가서 한 시간 딱 주어진 시간에 한 번 쫙 보면서 기술을 베껴 와서 삼성전자를 만들었습니다. 물론 일본 사람들은 미국 가서 베껴왔습니다. 그래서 한 번 보면 기술자들은 압니다. 석탈해왕의 쇠 만드는 기술은 김수로왕이 쇠 만드는 기술을 한 번 보고 그대로 베껴서 만들었던 것이죠. 그 기술을 보고 나니까, 김수로왕이 내가 이 친구한테 속았다. 석탈해왕을 잡아오너라. 그래서 배를 500척이나 보냈다고 되어 있습니다. 다섯 척쯤 보냈겠죠. 그래서 석탈해왕이 부랴부랴 도망갔다가 지금의 아전포, 진리항입니다. 제가 배우고 돌아보고 왔어요. 한국까지 도망을 왔는데 왜 도망을 왔겠습니까? 김수로왕에게 자기와 술법을 겨루자고 하면서 석탈해왕이 기술을 가져간 것이죠. 빼간 기술을 유출하면 망하죠.

중국에서 우리나라 기술을 유출하면 많은 사람들이 걱정을 하는 것이 무엇입니까. 중국이 삼성 반도체 기술을 다 가져가서 우리는 기술을 다 뺏기고 못 산다고 걱정을 합니다. 과거에도 똑같았습니다. 기술은 늘 그렇습니다. 실제 석탈해왕이 기술을 배워서 도망을 와서 신라로 돌아와 한 단계 더 업그레이드된 기술을 보유하게 되는 것이죠. 자, 우리가 석탈해왕에 대해서 다양한 이야기, 신화적인 이야기를 하려고 한 것은 아닙니다. 다만 석탈해왕의 모든 것이 대장장이와 연결되어있다는 것을 이야기해주고 싶었습니다. 아까도 이야기했지만 선진 기술의 이전은 이렇게 시작이 됩니다.

대표적으로 로마의 유리 기술 이야기가 아주 유명하죠. 이태리를 여행하면서 무나따 섬에 가본 적이 있을 것입니다. 무라노 섬이 유리 기술로 세계 최고이죠. 무라노 섬이 유리 기술 중에서 대롱불 기법을 개발한 곳입니다. 무려 2000년 정도 지속된 기술 중 하나입니다. 이 무라노 섬을 로마 사람이 유출 안 시키려고 한 사람도 못 나오게 했습니다. 죽을 때까지 거기서 살아요. 보통 사람들은 거기 살지만, 베르넬라리라는 사람. 자기는 빠삐용도 아니지만 빠삐용보다 더 치밀하게 탈출할 준비를 했습니다. 그래서 성공을 해요. 성공을 해서 도망을 나왔는데, 로마가 기술

유출을 막으려고 잡으러 갑니다. 보따리 싸서 다른 곳으로 도망 갑니다. 또 한참 있다가 베르넬라리가 도망가면 또 잡으러 갑니다. 그럼 또 이동합니다.

유럽의 유리 만드는 기술이 빠삐용처럼 도망쳐 나온 한 사람의 기술자 때문에 기술 이전이 되었다는 것은 사실입니다. 그만큼 과거의 기술은 사람에 의존을 했다. 그렇게 이야기할 수 있고요. 그다음 어떻게 일본이 그렇게 빨리 과학기술을 받아들여서 미국과 맞짱을 뜨게 되었습니까. 미국 사람들의 기술을 굉장히 빨리 흡수한 나라 중 하나죠.

그게 아까 이야기한 석탈해왕도 그런 경로를 거쳐서 신라에 와서 토함산에 올라가게 되었는데, 몇 가지 역사 기록에 따라 야금학적으로 해석해볼 수가 있는데, 삼국유사에 석탈해왕은 돌집을 짓고 살았다고 되어있습니다. 사실은 용광로를 돌로 지었다고 상징적으로 이야기한 것은 아닌가라고 하고요. 7일 동안 용광로를 토함산 쪽에 지었을 거라고 생각하고요. 토함산은 굉장히 연관이 있다고 생각을 합니다. 오죽하면 죽어서도 동악신, 토함산의 신입니다. 토함산의 신을 해석을 하자면 간단하게 인문학적 해석과 기술자적인 해석을 하게 되는데, 인문학적 해석으로 우리나라에서 신화학을 한 사람의 해석을 봤습니다. 그 사람들의 말이 틀렸다는 것은 아닙니다만, 그 사람들의 해석이 알에서 태어나서 어쩌구저쩌구 하시는데 그것도 말이 맞겠죠. 근데 제가 보기엔 인간은 원래 알에서 태어나는 것이죠. 난자가 알입니다. 여러분들 태어날 때, 보자기를 갖다가 째고 나오게 되는데 입고 나오는 사람도 있습니다. 실제로 천분을 두르고 나왔다고 하는데 그게 바로 알이죠. 과거에도 깨지지 않은 난자 상태로 나온 사람은 위대한 사람이 된다는 이야기가 있어요.

김알지 같은 사람들이죠. 그 사람들이 위대했기 때문에 그렇게 해석을 하는 것이고. 이 밑에도 보면 굉장히 고차원적이고 철학적인 해석을 하고 있는데, 저는 이렇게 보는 것이 맞다고 생각합니다. 야금학자로서 7일 동안 용광로를 만들고, 지금도 마찬가지입니다. 굉장히 중요한 의식이 있을 때 그렇게 합니다. 포항제철의 용광로가 처음 생길 때, 누가 가서 불을 붙였습니까? 박정희 대통령이 가서 했습니다. 과거나 지금이나 마찬가지이죠. 아까 이야기했는데, 역사는 반복된다는 말씀을 드리려고 했어요.

신라 시대의 포항 지역에서 세계 최고의 포스코 제철소가 있는데, 실제로 신라 시대에도 이곳에 계속 불이 붙었다는 기록이 남아있습니다. 실제로 용광로에 불이 붙으면 죽을 때까지 불이 탑니다. 지금도 포스코의 용광로에 불을 지핀 지 50년이 되어 가고 있는데 지금도 꺼지지 않습니다. 그래서 여기도 마찬가지. 그게 신라 시대의 철을 만들던 자리에 포스코가 서 있고, 옛날에 섬진강 자리에 석탈해왕이 섬진강을 따라 내려오던 그 자리에 역시 광양 제철이 있습니다. 그죠. 전통 식칼이 있는데 아주 유명합니다. 이 양반이 이동했던 자리에 쇠가 있다. 역사적으로 아주 유명한 자리에는 기술적인 것이 반복된다. 이렇게 우리가 이야기할 수 있습니다. 그 외에는 삼국유사 기록을 보면 지금은 갈 수 없도록 되어 있어요.

포항 해병대가 있는 곳에 일월지가 있습니다. 그래서 민간인이 들어갈 수 없는 위치에 있는데 거기에 나와 있는 연오랑 세오녀 이야기를 할 수 있죠. 이 사람들 뭡니까. 신적 위치에서 달과 태양을 나타내는 이 사람들이 없어지면서 해와 달이 없어졌다. 아까도 말했지만 태양과 달은 용광로를 상징합니다. 과거부터 그랬습니다. 그래서 이 사람들이 없어지니까 용광로에 불이 꺼진 거죠. 어디로 갔습니까. 일본 미즈오로 갔습니다. 할 수 없이 그곳으로 신하가 가서 "다시 와 주세요."라고 했습니다. 다시 왜 옵니까. 거기서 왕으로 잘 살고 있는데. 나는 갈 수 없다. 하늘이 시킨 일이니까. 내가 글을 써 줄 테니까 하늘에다가 제사를 지내면 하늘에 있는 태양과 달이 다시 뜰 것이다. 그런 것이죠.

용광로에 불 지피는 노하우를 가르쳐줘서 다시 쇠를 만들 수 있게 되었습니다. 그래서 다시 신라에 해와 달이 돌아왔다고 할 수 있습니다. 그런 이야기이죠. 이게 연오랑 세오녀의 전설 이야기가 되겠습니다. 그래서 쇠를 가져다 만드는 기술, 노하우가 하나의 신적인 상징성으로 나타난 예가 되겠습니다. 아까 이야기했는데 일월지는 현재 해병대 사령부 안에 있고. 여기는 위도가 같죠? 그 외에 문헌상으로 보더라도 우리나라 쇠가 얼마나 좋은 지를 알 수 있습니다. 재료의 새로운 발견에 대해서 이야기를 했었는데 '우연이냐?', '창의성인가?'에 대해서 흔히 이야기하게 되는데, 제 개인적으로 말씀을 드리면 맨날 보는 사람이 만드는 것이 아니죠. 뉴턴이 만유인력을 발견했는데, 맨날 보는 사람이 누굽니까. 가소롭지만 아저씨입니다. 누가 발견해낸 것입니까? 뉴턴입니다. 우연이 아닌 필연이 필요합니다. 수많은 생각과 사고와 과학적인 추론이 필요한 것이죠. 증기기관 누가 발명했습니까? 제임스 와트가 발명했습니다. 무엇을 보고 발명했습니까? 주전자에 물이 끓는 것을 보고 발명했다고 하죠. 주전자에 물을 끓인 사람이 누구죠? 아줌마입니다. 가정주부가 증기기관을 발명해냈어요. 그래서 과학기술은 우연 아니고 필연적인, 과학적 논리나 과학적인 추론이 필요하다. 역사의 재료적인 모든 발견이 시작되어 현재의 과학기술에 이르렀다고 제가 감히 말씀을 드릴 수가 있습니다. 다른 것은 다 생략을 하고요. 여기까지 하겠습니다.